Sa Sainteté le Dalaï-Lama est le chef politique et spirituel du Tibet. Il est considéré par les bouddhistes comme la réincarnation du Bodhisattva de la Compassion. Depuis 1959, Tenzin Gyatso, XIVe Dalaï-Lama, vit en exil à Dharamsala, dans le nord de l'Inde, où il s'est réfugié après l'invasion du Tibet par la Chine. Lauréat du prix Nobel de la paix en 1989, il a vu récompenser son combat non-violent en faveur de la libération de son pays. Le Dalaï-Lama a parcouru le monde et publié plusieurs ouvrages pour divulguer le message du bouddhisme en Occident, parmi lesquels *Puissance de la compassion*, *Conseils du cœur*, *365 méditations quotidiennes*, *Le pouvoir de l'esprit* ou *Leçons de sagesse*.

# COMMENT PRATIQUER LE BOUDDHISME

DU MÊME AUTEUR
*CHEZ POCKET*

LEÇONS D'AMOUR
TOUT L'UNIVERS DANS UN ATOME
MON AUTOBIOGRAPHIE SPIRITUELLE
L'ESPRIT EN ÉVEIL

**OUVRAGES EN COLLABORATION :**

LA FORCE DU BOUDDHISME
**avec Jean-Claude CARRIÈRE**

COMMENT PRATIQUER LE BOUDDHISME
**avec Jeffrey HOPKINS**

365 MÉDITATIONS QUOTIDIENNES DU DALAÏ-LAMA
**avec Matthieu RICARD**

SAVOIR PARDONNER
**avec Victor CHAN**

SURMONTER LES ÉMOTIONS DESTRUCTRICES
**avec Daniel GOLEMAN**

108 PERLES DE SAGESSE POUR PARVENIR À LA SÉRÉNITÉ
**avec Catherine BARRY**

Sa Sainteté le Dalaï-Lama

# COMMENT PRATIQUER LE BOUDDHISME

Édité et préfacé par Jeffrey Hopkins, Ph. D.

Traduit de l'anglais
par Yolande du Luart

PLON

Titre original :
*How to Practice*
*The Way to a Meaningful Life*

Le présent ouvrage a été traduit
du tibétain en anglais
par Jeffrey Hopkins, Ph. D.

MIXTE
Papier issu de sources responsables
FSC® C003309

Pocket, une marque d'Univers Poche, est un éditeur qui s'engage pour la préservation de son environnement et qui utilise du papier fabriqué à partir de bois provenant de forêts gérées de manière responsable.



ISBN 978-2-266-13529-0

# Préface

C'est en 1972 que, pour la première fois, j'ai suivi l'enseignement du Dalaï-Lama. Trois jours après mon arrivée à Dharamsala, au nord de l'Inde, il a entamé une série de seize conférences qui duraient de quatre à six heures par jour sur le thème de la Voie de l'Éveil.

J'avais commencé à étudier et à pratiquer le bouddhisme tibétain en 1962. Mes professeurs, versés dans l'étude des complexités des commentaires, m'avaient préparé à étudier avec des érudits tibétains, yogis, réfugiés en Inde. A vrai dire, je ne croyais pas qu'une réincarnation née dans le nord-est du Tibet en 1935 – celle du quatorzième Dalaï-Lama âgé de deux ans – nommée par le gouvernement et reconnue grâce à des prophéties, des visions, des événements extraordinaires et des tests, pût justifier sa réputation.

Néanmoins, je fus stupéfait.

Il abordait de nombreux sujets concernant la Voie de l'Éveil en captant mon esprit et mon cœur grâce à des concepts simples mais essentiels qui éclairaient des questions non résolues depuis longtemps, en élargissaient d'autres, et m'attiraient vers de nouveaux domaines.

Le Dalaï-Lama parle tibétain avec tant de rapidité et de clarté qu'il m'était impossible de me laisser distraire. Un jour, il fut particulièrement inspiré en évoquant la réflexion qui aide à générer la compassion. Sa voix s'éleva dans un registre aigu qu'il décrivait non sans humour comme sa « voix de chèvre », et qui me fit penser à l'inspiration d'un poète.

Au cours de cette série de conférences, il présenta un ensemble de pratiques qui mènent à l'éveil, juxtaposant souvent des thèmes que d'autres isolent – avec la profondeur d'un philosophe. Cette voix duelle du poète et du philosophe est présente dans ce livre, dont les descriptions émouvantes des conditions générales de vie et des beautés de l'altruisme vont parfois droit au cœur, et qui, à d'autres moments, expose les pratiques profondes de la méditation sur la vacuité qui nourrissent des années de contemplation.

A l'âge de cinq ans, le Dalaï-Lama a été conduit à Lhasa, capitale du Tibet, où il fut formé selon l'itinéraire complet de l'éducation monastique. Lors de l'invasion communiste chinoise du Tibet oriental, en 1950, il dut à seize ans diriger le gouvernement tibétain. Plus tard, menacé par un danger personnel imminent, il s'enfuit en Inde en 1959. En exil, il a fondé des centres de culture tibétaine. Il a voyagé dans le monde entier en apportant un message non seulement aux bouddhistes mais également aux autres croyants. Il reçut le prix Nobel de la

Paix en 1989 en récompense de ses efforts en faveur des Tibétains et de tous les peuples.

Sa Sainteté a publié de nombreux ouvrages, les uns destinés au grand public et d'autres à ceux qui s'intéressent particulièrement au bouddhisme. Dans le présent livre, il propose une longue tradition de pratiques spirituelles, lesquelles mènent à la clarté mentale et à la transformation des émotions. De cette manière, il démontre comment on peut donner un sens à sa vie.

Voilà trente ans que je le connais. J'ai été le principal interprète de ses conférences aux États-Unis, au Canada, en Indonésie, à Singapour, en Malaisie, en Australie, en Grande-Bretagne et en Suisse pendant dix ans : je suis témoin qu'il incarne ces pratiques jusqu'au plus profond de son être. Il est vital pour nous de reconnaître que cet homme exceptionnel, intuitif, plein de compassion et d'humour, incarne la culture tibétaine. Nous devons admirer cette culture comme l'une des merveilles du monde.

Jeffrey Hopkins, Ph. D.
Professeur d'études tibétaines
à l'Université de Virginie.

# Introduction

## Le besoin de paix et de bonté

Je voyage dans de nombreux pays à travers le monde et chaque fois que je prends la parole j'ai le sentiment que je fais partie de la famille de mes auditeurs. Même lorsque nous nous rencontrons pour la première fois, je m'adresse à chacun comme à un ami. En réalité, nous nous connaissons déjà profondément en tant qu'êtres humains qui partageons les mêmes buts fondamentaux : nous recherchons tous le bonheur et nous voulons éviter la souffrance.

### Deux voies vers le bonheur

Il existe deux façons de créer le bonheur. La première est extérieure. Par exemple, en obtenant un logement plus grand, des vêtements de meilleure qualité et des amis plus sûrs, nous pouvons accéder à plus de bonheur et de satisfaction. La seconde manière consiste à développer notre esprit, ce qui procure un bonheur intérieur. Ces deux approches ne sont pas d'égale valeur. Le bonheur extérieur n'existe pas longtemps sans sa contrepartie. Si un élément fait défaut, si quelque chose manque à votre cœur, alors, malgré le cadre le plus luxueux, vous ne serez pas heureux. Mais si votre esprit est en paix, vous trouverez le bonheur dans des circonstances difficiles.

Le progrès matériel seul résout parfois un problème mais en crée un autre. Par exemple, certaines personnes ont acquis la richesse, ont une bonne éducation, un statut social élevé, mais le bonheur leur échappe. Elles prennent des somnifères, boivent trop d'alcool. Il leur manque toujours quelque chose, un désir encore insatisfait. C'est pourquoi elles se réfugient dans la drogue ou l'alcool. D'un autre côté, ceux qui ont beaucoup moins d'argent ne s'en préoccupent pas, et jouissent de la paix. Ils dorment bien la nuit. Malgré leur pauvreté matérielle, ils sont satisfaits et heureux. Ce qui prouve l'importance d'une bonne attitude mentale. Le progrès matériel seul ne résoudra pas totalement le problème de la souffrance de l'humanité.

Dans ce livre, je vous propose, à vous lecteur, les précieuses techniques des traditions tibétaines qui, si elles sont pratiquées quotidiennement, apportent la paix intérieure. Tandis que vous apaiserez votre esprit et votre cœur, votre agitation et vos soucis se calmeront naturellement et vous en serez plus heureux. Vos relations avec autrui refléteront ce changement. Adulte plus achevé, vous deviendrez un meilleur citoyen de votre pays et, en fin de compte, un meilleur citoyen du monde.

## La bonté

Nous naissons sans aucune défense. Sans la bonté d'un parent, nous ne pourrions survivre, encore moins prospérer. Lorsque les enfants grandissent dans un environnement inquiétant, sans jamais pouvoir se fier à quelqu'un, ils sont malheureux tout au long de leur vie. Le besoin de bonté des petits enfants est évident car leur esprit est très fragile.

Les adultes ont également besoin de bonté. Si quelqu'un m'accueille avec un grand sourire et manifeste un comportement amical et sincère, j'y suis très sensible. Même si je ne connais ni cette personne ni sa langue, mon cœur se réjouit instantanément. Au contraire, si la bonté est absente, même chez une personne de ma propre culture que je fréquente depuis des années, je ressens un manque. Bonté et amour, un véritable sens de la fraternité, ces sentiments sont précieux. Ils rendent possible la vie en communauté et exercent une importance cruciale dans la société.

## Le potentiel humain

Nous avons tous une notion du moi ou du « je ». Nous partageons aussi des buts fondamentaux : nous désirons le bonheur et craignons la souffrance. Les animaux et les insectes veulent aussi le bonheur et ne souhaitent pas souffrir, mais ils n'ont pas la capacité de réfléchir au moyen d'atteindre ces buts. En tant qu'êtres humains dotés du pouvoir de la pensée nous possédons ce potentiel et nous devons nous en servir. Sur tous les plans – comme individus, membres d'une famille, d'une communauté, d'une nation et d'une planète –, nous devons faire face à ces malicieux perturbateurs que sont la colère et l'égoïsme. Le genre d'égoïsme auquel je fais allusion ici n'est pas seulement le sens du moi, mais un égocentrisme exagéré. Personne ne prétend être heureux lorsqu'il est en colère. Tant que la colère nous domine, nous n'avons aucune possibilité de bonheur durable. Afin d'obtenir la paix, la tranquillité et une vraie amitié, il nous faut réduire notre colère et cultiver la bonté et un cœur chaleureux. Nous pouvons y parvenir grâce aux pratiques que je décris dans ce livre.

En cultivant un cœur généreux, nous pouvons transformer les autres. A mesure que nous devenons des êtres humains plus aimables, nos voisins, amis, parents, épouses, époux, enfants, éprouvent moins de colère. Ils deviendront plus généreux, plus compatissants, plus harmonieux. L'atmosphère sera plus heureuse, ce qui favorise une bonne santé, et peut-être une vie plus longue.

Vous aurez beau être riche, puissant et bien éduqué, sans ces sentiments de bonté et de compassion vous n'abriterez pas la paix en vous, ni dans votre famille, et vos enfants en pâtiront. La bonté est indispensable à la paix de l'esprit. Comme vous le constaterez dans les pages qui vont suivre, la méthode principale pour obtenir une vie plus heureuse est d'entraîner votre esprit à une pratique quotidienne qui affaiblit les attitudes négatives et renforce les comportements positifs.

La question est de savoir si nous sommes capables de pratiquer la bonté et la paix. Nombre de nos problèmes proviennent de comportements comme celui de nous mettre en avant à tout prix. A partir de ma propre expérience, je sais qu'il est possible de modifier ces comportements et d'améliorer l'esprit humain. Bien qu'il soit incolore, informe et parfois faible, l'esprit humain peut devenir plus fort que l'acier. Pour entraîner l'esprit, il faut exercer la patience et la détermination nécessaires pour le former. Si vous pratiquez l'amélioration de votre esprit avec une volonté et une persévérance inaltérables, quel que soit le nombre des difficultés que vous rencontrerez au début, vous réussirez. Avec de la patience, de la pratique et du temps, le changement surviendra.

Ne renoncez pas ! Si vous êtes pessimiste dès le départ, vous ne pourrez pas réussir. Si vous avez de l'espoir et de la détermination, vous aurez toujours une chance de réussite. Gagner une médaille importe peu. L'important est d'avoir essayé de votre mieux.

## L'interdépendance

Le monde entier n'est pas connecté à un réseau de communication électronique et d'informations instantanées. Au XXI$^{e}$ siècle, notre économie mondiale a rendu les nations et les peuples dépendants les uns des autres. Aux temps anciens, le commerce entre les nations n'était pas indispensable. Aujourd'hui, il est impossible de demeurer isolé. Si les nations n'ont pas de respect mutuel, des problèmes naîtront. Bien qu'il existe des signes de conflit entre les nations les plus pauvres et les plus prospères, entre les groupes sociaux les plus démunis et les plus riches parmi ces nations, ces conflits économiques peuvent être résolus par un sentiment plus puissant d'interdépendance mondiale et de responsabilité. Tous les peuples doivent se considérer comme des frères et des sœurs qui méritent tous d'émerger de la misère.

Malgré les efforts des dirigeants politiques, les crises ne cessent de se renouveler. Les guerres tuent surtout nombre de victimes innocentes – vieillards et enfants. De nombreux soldats ne se battent pas de leur propre initiative ; ces combattants éprouvent une véritable souffrance, ce qui est triste. La vente d'armes – de milliers de sortes d'armes et de munitions – par les industriels des grandes nations alimente la violence, mais la haine, le manque de compassion et de respect envers les autres sont encore plus dangereux que les fusils et les bombes. Aussi longtemps que la haine demeurera dans l'esprit humain, la paix véritable sera impossible.

Nous devons faire tout ce qui est en notre pouvoir pour arrêter la guerre et débarrasser le monde de l'arme nucléaire. Lorsque j'ai visité Hiroshima où est tombée la première bombe atomique, lorsque j'ai découvert le lieu et que j'ai entendu les récits des survivants, mon cœur a été profondément ému. Combien de gens sont morts en un seul instant ! Combien d'autres sont encore blessés ! Combien de douleurs et de désolations ont été générées par la guerre nucléaire ! Et pourtant, on dépense beaucoup d'argent pour les armes de destruction massive. C'est choquant, il s'agit là d'un scandale incommensurable.

Les progrès de la science et de la technologie sont un bienfait pour l'humanité, mais à quel prix ! Par exemple, nous apprécions le développement de l'aviation qui nous permet de voyager aisément à travers le monde, mais, en même temps, on invente des armes très destructrices. Peu importe la beauté de leurs terres natales, beaucoup de gens vivent sous la peur d'une menace réelle : des milliers de missiles nucléaires sont prêts à être lancés. Mais quelqu'un doit appuyer sur le bouton ; ainsi, l'intention humaine est-elle responsable en dernier lieu.

La seule solution pour obtenir une paix durable sera, grâce à une confiance mutuelle, le respect, l'amour et la bonté. C'est la seule solution. Les tentatives de domination des grandes puissances par la concurrence des armes – qu'elles soient nucléaires, chimiques, biologiques, ou conventionnelles – sont contre-productives. Comment un monde vibrant de haine et de colère peut-il susciter une véritable paix ? La paix extérieure est impossible sans la paix intérieure. Il est louable de travailler sur des solutions extérieures, mais elles ne pourront pas être appliquées tant que les gens nourriront la haine et la colère dans leur cœur. C'est là qu'un changement essentiel doit intervenir. Individuellement, nous devons travailler à modifier la base sur laquelle nos sentiments sont ancrés. Nous n'y arriverons que par la pratique afin de réorienter graduellement la façon dont nous percevons les autres et nous-mêmes.

L'état désespéré de notre monde incite à agir. Chacun d'entre nous a la responsabilité d'essayer d'aider en profondeur l'humanité. Malheureusement, cette dernière est trop souvent sacrifiée à la défense de l'idéologie. Ce qui constitue une grave erreur. Les systèmes politiques devraient bénéficier aux êtres humains mais, à l'instar de l'argent, ils nous dominent au lieu de travailler pour nous. Si avec un cœur généreux et de la patience nous acceptons de considérer le point de vue des autres et d'échanger des idées au cours d'une paisible discussion, nous trouverons des points d'accord. C'est notre responsabilité – par amour et compassion envers le genre humain – que de rechercher l'harmonie entre les nations, les idéologies, les cultures, les groupes ethniques et les systèmes politiques et économiques. Lorsque nous serons vraiment conscients de l'unité de l'humanité, notre détermination pour trouver la paix se renforcera. Au sens le plus intime, nous sommes réellement frères et sœurs, c'est pourquoi nous devons partager les souffrances des uns et des autres. Le respect mutuel, la confiance, le souci du bien-être des autres sont notre meilleur espoir pour une paix durable.

Evidemment les dirigeants des nations exercent une responsabilité dans ce domaine, mais chaque être humain doit aussi en prendre l'initiative, quelle que soit sa croyance religieuse. En étant simplement un homme, en recherchant le bonheur et en fuyant la souffrance, vous êtes citoyen de cette planète. Nous sommes tous responsables de la création d'un avenir plus serein. Mais pour avoir un comportement amical, un cœur généreux, le respect des droits des autres et un souci de leur bonheur, il faut entraîner notre esprit. Dans ce livre, je présente une séries de pratiques extraites des traditions tibétaines qui seront utiles. L'objectif principal des pratiques quotidiennes est de cultiver une attitude de compassion et de calme – un état d'esprit crucial dans la société contemporaine, en raison de sa capacité d'engendrer l'harmonie entre les nations, les races et les gens qui appartiennent aux divers systèmes religieux, politiques et économiques.

## Créer l'harmonie

L'harmonie et l'amitié, dont nous avons besoin dans nos familles, nos nations et le monde entier, ne s'épanouiront que par la compassion et la bonté. En s'entraidant avec respect et considération, nous pouvons résoudre de nombreux problèmes. L'harmonie ne peut régner dans un climat de suspicion, de tricherie, d'intimidation, et de compétition mesquine. Un succès dû à la violence est temporaire ; ses acquis ne servent qu'à créer d'autres problèmes. C'est pourquoi quelques décennies après l'immense tragédie de la Première Guerre mondiale, la Seconde Guerre mondiale a éclaté, entraînant des millions de morts. Si nous examinons notre longue histoire de haine et de colère, nous constatons qu'il faut trouver une autre solution. Nous ne pourrons résoudre nos problèmes que par des moyens pacifiques – non seulement des mots de paix mais un esprit et un cœur paisibles. Ainsi aurons-nous un monde meilleur.

Est-ce possible ? Se battre, tricher et intimider piègent notre situation présente. Nous avons besoin de formation, de pratiques nouvelles pour en sortir. Cela peut paraître difficile et idéaliste, mais il n'existe pas d'alternative à la compassion, à la reconnaissance de la valeur humaine et de l'unité de l'humanité. C'est le seul moyen d'obtenir un bonheur durable.

Je voyage de pays en pays en éprouvant ce sentiment d'unité. J'ai entraîné mon esprit depuis des décennies. Il n'y a pas de barrières quand je rencontre des gens de cultures différentes. Je suis convaincu qu'en dépit de la diversité des cultures et des divers systèmes politiques et économiques, nous sommes fondamentalement identiques. Plus je rencontre de gens, plus je suis persuadé que l'unité de l'humanité, fondée sur la compréhension et le respect, représente une base réaliste de notre conduite. Je parle de cela partout où je me rends. Je crois que la pratique de la compassion et de l'amour – un sentiment vrai de fraternité – est la religion universelle. Peu importe que vous soyez bouddhiste, chrétien, musulman ou hindou, ou que vous ne pratiquiez aucune religion, ce qui compte, c'est votre sentiment d'unité avec l'humanité. Êtes-vous d'accord ? Pensez-vous que c'est stupide ? Je ne suis pas un dieu-roi comme m'appellent certaines personnes. Je suis simplement un moine bouddhiste. Ce que je dis est issu de ma pratique personnelle, qui est limitée. Mais j'essaie d'appliquer ces principes dans ma vie de chaque jour, surtout quand je dois affronter des problèmes. Quelquefois je suis agacé. De temps en temps j'utilise une parole dure, mais dès qu'elle est prononcée, je pense immédiatement : « Oh, c'est mal ! » Si je réagis ainsi c'est parce que j'ai intériorisé les pratiques de compassion et de sagesse qui forment le cœur de ce livre. Ces pratiques quotidiennes me sont utiles dans ma propre vie. C'est pourquoi, en sachant que vous et moi avons le même esprit et le même cœur, je les partage avec vous.

Lorsque j'avais quinze ans, les communistes chinois ont envahi le Tibet oriental. La même année, le gouvernement tibétain décida que je devais diriger les affaires d'État. Durant cette période difficile, nous avons vu nos libertés rognées. En 1959, à la nuit tombée, j'ai été obligé de fuir la capitale. Exilés en Inde, nous avons été confrontés à des problèmes journaliers qui allaient de la nécessité de nous adapter à un climat très différent à la nécessité de rétablir nos institutions culturelles. Ma pratique spirituelle me permettait de rechercher des solutions sans perdre de vue que nous sommes tous des êtres humains égarés par des idées fausses mais unis par des liens communs, et prêts à nous améliorer.

Cela m'a appris que les perspectives de compassion,

de calme et de compréhension instantanée sont essentielles à la vie quotidienne et doivent être cultivées chaque jour. Des problèmes surviendront toujours, alors il est essentiel de cultiver l'attitude adéquate. La colère diminue notre capacité à distinguer le bien du mal. Ce pouvoir de la réduire est l'une des qualités les plus élevées. S'il est perdu, nous sommes perdus. Il est quelquefois nécessaire de répliquer avec force, mais on peut s'exprimer sans colère. La colère n'est pas nécessaire. Elle n'a aucune valeur.

Je nomme compassion l'élément de base de la planète. Les êtres humains réclament le bonheur et ne veulent pas de la souffrance. La paix de l'esprit constitue un besoin fondamental pour l'humanité. Pour les hommes politiques, les ingénieurs, les scientifiques, les chefs de famille, les docteurs, les enseignants, les avocats, pour ceux qui ont des responsabilités spécifiques, une motivation pure, empreinte de compassion représente le fondement du développement spirituel.

### Vue d'ensemble du livre

Dans les chapitres suivants, je décrirai les techniques bouddhistes spécifiques qui mènent à la paix de l'esprit et à une capacité de compassion plus élevée pour surmonter ce que les bouddhistes considèrent comme des idées fausses sur les êtres et les choses. En termes bouddhistes, il s'agit de la Voie de l'Éveil. Chacun est libre de choisir à sa guise les étapes qui le conduiront vers son amélioration spirituelle.

J'ai organisé ce livre en six parties. Il commence par les principes fondamentaux où l'histoire de la vie du Bouddha sert de guide à une vie qui a du sens. J'introduis les trois aspects de la pratique spirituelle – morale, méditation concentrée, et sagesse – thèmes principaux du livre. Dans la deuxième partie, « Pratique de la morale », je distingue deux sortes de morale : réorienter des actions physiques et verbales afin qu'elles ne causent pas de préjudice aux autres, et cultiver une vigilance accrue envers les autres. Dans la troisième partie, « Pratique de la méditation concentrée », je décris la manière de trouver la focalisation mentale et comment rétablir le calme dans des situations de stress.

La quatrième partie : « Pratique de la Sagesse » traite du sujet difficile mais productif de l'« émergent/dépendant » et de la vacuité. Ici nous pénétrons mieux dans la pensée bouddhiste en considérant la différence qui existe entre l'esprit et sa nature ultime. Dans cette quatrième partie, j'espère dissiper la notion du nihilisme ou du pessimisme du bouddhisme en décrivant la compatibilité entre l'apparence et la réalité.

Ces discussions sur la morale, la méditation concentrée et la sagesse, conduisent à la cinquième partie, le « Tantra », qui présente une pratique spéciale du yoga qui combine les trois pratiques citées plus haut. J'explique aussi comment le désir peut être utilisé sur la voie spirituelle par des pratiquants compétents.

La sixième partie, « Les étapes de la Voie », présente

une vue générale du chemin de la pratique, de son commencement jusqu'à l'Éveil, un état dans lequel l'esprit et le corps sont pleinement développés afin de servir les autres.

Du début à la fin, nous nous concentrerons sur le développement d'un cœur et d'un esprit bons, grâce à un comportement moral et une compréhension de la réalité, fondés sur la concentration. Pensez à la morale, à la méditation concentrée et à la sagesse, comme à un modèle pour l'Éveil, qui nous rappelle le but le plus élevé de la pratique – une transformation des comportements vers la paix, la compassion, la concentration calme et la sagesse. La compréhension de ce modèle fait partie de la Voie, qui nous entraîne vers le but final. J'espère que certains passages pourront être utiles, si toutefois ce n'est pas le cas, cela n'a pas d'importance !

I

# Les fondements

# 1

# Trois manières de pratiquer

## Le modèle de l'Éveil de Bouddha

Selon certaines écoles bouddhistes, Shakyamuni, le premier Bouddha, a connu l'Éveil en Inde au VI^e siècle av. J.-C., grâce à la pratique de la Voie. D'autres écoles néanmoins croient que le Bouddha Shakyamuni avait atteint l'Éveil bien avant, et que, dans son incarnation du VI^e siècle av. J.-C., le Bouddha indiquait simplement la Voie. Au Tibet, cette hypothèse correspond à notre opinion. Les disciples s'inspirent de l'exemple de Bouddha pour pratiquer afin d'obtenir l'Éveil pour eux-mêmes.

Dans chaque cas, nous devons remarquer que :

Le Bouddha Shakyamuni, destiné à une vie de plaisirs, est né prince dans une famille royale de l'Inde. A vingt-neuf ans, en observant la souffrance du monde, il a renoncé à son rang royal, s'est coupé les cheveux, a quitté sa famille pour adopter l'éthique d'un moine avec le comportement monastique.

Pendant les six années suivantes, il s'est absorbé dans

une méditation ascétique afin d'obtenir la *méditation concentrée.*

Ensuite, sous l'arbre Bodhi à Both Gaya, il a pratiqué des techniques spéciales afin de développer la *sagesse* et obtenir l'Éveil. Il se mit à enseigner pendant quarante-cinq ans, et mourut à quatre-vingt-un ans. Nous observons dans la vie du Bouddha les trois stades de pratique : l'éthique vient en premier, puis la méditation concentrée, et ensuite la sagesse. La Voie prend du temps.

## LE CHANGEMENT GRADUEL

Développer l'esprit relève de nombreuses causes et conditions intérieures, de même qu'une station spatiale dépend du travail de générations de savants qui ont analysé et testé même ses plus infimes composants. Ni une station spatiale ni un esprit éveillé ne peuvent se réaliser en un jour. Similairement, les qualités spirituelles se construisent grâce à une variété de moyens. Cependant, au contraire de la station spatiale, construite par une équipe qui travaille ensemble, l'esprit doit être développé par vous seul. Il n'y a pas moyen que d'autres effectuent le travail pour vous et que vous en moissonniez les résultats. Déchiffrer le modèle du progrès mental de quelqu'un d'autre ne transférera pas sa réalisation sur vous. Vous devez la développer vous-même.

Cultiver une attitude de compassion et développer la

sagesse sont des processus lents. Tandis que vous intériorisez graduellement les techniques pour développer la moralité, la concentration de l'esprit et la sagesse, les états d'esprit indomptés deviennent de moins en moins fréquents. Il vous faudra pratiquer la concentration de l'esprit et la sagesse ; les pulsions sauvages deviendront alors de moins en moins fréquentes. Il vous faudra pratiquer ces techniques jour après jour, année après année. Pendant que vous transformez votre esprit, vous allez modifier votre entourage. Les autres constateront les bienfaits de votre pratique de tolérance et d'amour, et essaieront d'appliquer ces pratiques dans leur propre vie.

## Les trois pratiques

L'enseignement du Bouddha est divisé en trois catégories :

— la discipline de la morale ;

— les discours sur la méditation concentrée ;

— la connaissance qui explique l'entraînement à la sagesse.

Dans chacun des textes sacrés, la principale pratique est décrite comme un état extraordinaire créé par l'union de 1° l'« apaisement de l'esprit » (la méditation concentrée) et 2° la « pénétration spéciale » (la sagesse). Afin de réussir une telle union, nous devons d'abord établir son fondement : la morale.

Moralité, méditation concentrée et sagesse sont l'ordre essentiel de la pratique. Les raisons en sont les suivantes :

Pour que la sagesse de la pénétration spéciale élimine les obstacles de manière à obtenir une compréhension véritable et pour se débarrasser des états mentaux faussés dès la racine, nous avons besoin d'une méditation concentrée, c'est-à-dire d'un état de détermination absolue dont toutes les distractions intérieures ont été éliminées. Sinon l'esprit serait trop fragmenté. Sans une méditation concentrée très focalisée, la sagesse n'a pas de puissance. De même, la flamme d'une bougie dans un courant d'air donne peu de lumière. Ainsi la méditation concentrée doit-elle précéder la sagesse. Elle consiste à écarter les distractions intérieures subtiles, de même qu'un esprit trop détendu ou trop crispé.

Pour y arriver, nous devons d'abord éliminer les distractions extérieures en nous entraînant à maintenir la pleine conscience des activités physiques et verbales. Il s'agit d'être constamment conscient de notre activité, de notre corps et de nos paroles. Si nous ne surmontons pas ces distractions, il sera impossible de vaincre les distractions intérieures plus subtiles. C'est en maintenant une pleine conscience que l'on obtient l'apaisement de l'esprit. La pratique de l'éthique doit précéder la pratique de la méditation concentrée.

Au cours de ma propre expérience, les vœux monastiques nécessitaient moins de directives et d'activités extérieures, ce qui signifiait que je pouvais me concentrer davantage sur mes études spirituelles. Les vœux destinés à modérer les activités physiques et verbales contre-productives me faisaient prendre conscience de ma conduite et m'incitaient à examiner ce qui arrivait à mon esprit. Même si je ne pratiquais pas délibérément la méditation concentrée, je devais contrôler mon esprit afin qu'il ne soit pas dispersé. Ainsi étais-je constamment attiré vers une méditation intérieure focalisée sur un point. Le vœu d'éthique m'a servi de base. En considérant les trois pratiques – morale, méditation concentrée et sagesse – nous voyons que chacune sert de base à la suivante. (Cet ordre est démontré par la vie même du Bouddha.) C'est pourquoi tout progrès spirituel dépend de l'établissement d'une morale précise.

# II

# La pratique de l'éthique

# 2

# Évaluer les limites de la souffrance

## Vue d'ensemble des différentes sortes de morales

Le principe fondamental de la morale bouddhiste est d'aider les autres, et si cela n'est pas possible il faut au moins veiller à ne pas faire le mal. Cet engagement fondamental de la non-violence, motivé par le souci d'autrui, est essentiel aux trois types de moralité du bouddhisme.

• La morale de la libération individuelle (sujet de ce chapitre) se pratique en évitant les actions physiques et verbales qui font du mal. Cette pratique est appelée « individuelle » parce qu'elle procure à une personne le moyen de dépasser le cycle de la naissance, du vieillissement, de la maladie et de la mort, que les bouddhistes nomment l'existence cyclique ou *samsara*.

• La morale du souci envers les autres – la morale des Bodhisattvas (êtres qui sont principalement concernés par le bien-être d'autrui) – se pratique essentiellement en empêchant l'esprit de sombrer dans l'égoïsme. Pour ceux qui pratiquent la morale des Bodhisattvas, le point essentiel est d'éviter l'amour de soi comme les fautes dues au corps et à la parole.

• La morale du Tantra est centrée sur des techniques spéciales afin d'imaginer un état mental et physique développé qui aiderait efficacement les autres. Elle produit une manière de modérer et de transcender notre perception limitée de notre corps et de notre esprit afin que nous puissions nous percevoir comme étincelants de sagesse et de compassion.

## La morale de la libération individuelle

La pratique de la morale de la libération individuelle exige la conscience de soi nécessaire pour réprimer les actions physiques et verbales qui font du mal aux autres. Cela signifie abandonner ce que les bouddhistes nomment les « dix non-vertus ». Celles-ci sont organisées en trois catégories. Les « non-vertus » physiques sont : tuer, voler, et l'inconduite sexuelle. Les « non-vertus » verbales sont : mentir, créer la zizanie, utiliser des mots violents, émettre des bavardages inutiles. Les « non-vertus » mentales sont l'envie, les mauvaises intentions et les vues erronées.

Puisque la motivation précède et conduit l'action, la contrôler est la meilleure façon d'empêcher les actions physiques et verbales impulsives et parfois offensantes. Quand vous voulez soudain quelque chose et que vous vous en emparez sans tenir compte des conséquences, votre désir s'exprime par impulsion, sans le bénéfice de la réflexion. Dans la pratique quotidienne, il faut apprendre à examiner continuellement sa motivation.

Lorsque j'étais un jeune garçon, Ling Rinpoché, mon jeune tuteur, était toujours très sévère. Il ne souriait jamais. Cela m'ennuyait beaucoup. En me demandant pourquoi il avait si peu d'humour, j'examinais de plus en plus ce qui se passait dans mon esprit. Cela m'a aidé à développer une conscience de moi-même concernant ma motivation. Lorsque j'eus mûri, à partir de ma vingtième année, Ling Rinpoché changea complètement. Il arborait toujours un grand sourire quand nous étions ensemble.

La pratique efficace de la morale de la libération individuelle dépend d'une motivation solide et de sa durée. Par exemple, on ne devrait pas se faire moine ou nonne afin d'éviter d'effectuer un travail ordinaire afin de subvenir à nos besoins matériels. De même, il ne suffit pas de chercher à éviter les difficultés dans cette vie. Etre motivé par des buts aussi insignifiants n'aide pas à se libérer de l'existence cyclique – la raison ultime pour pratiquer la morale de la libération individuelle.

Cela est confirmé par l'histoire de la vie du Bouddha. Un jour, Shakyamuni se glissa hors du palais pour expérimenter par lui-même l'existence. Il vit pour la première fois une personne malade, un vieillard et un cadavre. Très perturbé par la souffrance de la maladie, de la vieillesse et de la mort, il conclut que la vie en ce monde n'a pas de substance. Plus tard, inspiré par des religieux, Bouddha fut captivé par la possibilité d'une vie plus élevée spirituellement et pourvue de sens. A ce moment-là, il s'enfuit du palais, laissant derrière lui sa vie princière pour poursuivre sa vision.

Qu'est-ce que cela nous apprend ? A l'instar de Bouddha, nous avons besoin de commencer à nous préoccuper de la souffrance de l'existence cyclique et à nous détourner des distractions temporaires. Influencés par cette attitude nouvelle, nous devons épouser un système moral en renonçant à l'existence cyclique, en suivant des vœux d'attitude pure et en cherchant à éviter les dix non-vertus.

### Les quatre nobles vérités

Afin de nous libérer de l'existence cyclique, nous avons besoin de comprendre sa nature. Nous devons : 1° connaître les types spécifiques de la souffrance, 2° découvrir les causes de ces souffrances, 3° voir s'il est possible d'éliminer ces causes, enfin, 4° déterminer ce qu'il faut pratiquer. C'est pourquoi le renoncement implique au moins une compréhension partielle des quatre nobles vérités :

1. La souffrance
2. Les véritables sources de la souffrance
3. La cessation de la souffrance, comme de ses origines
4. Les voies véritables pour la cessation de la souffrance.

Quand Bouddha se mit à enseigner pour la première fois, il enseigna les quatre nobles vérités dans l'ordre que je viens de citer. Cet ordre ne correspond pas à la succession temporelle de ces vérités. En séquence réelle, la deuxième vérité – les causes de la souffrance – devrait précéder la première, la souffrance. Cependant, Bouddha enseigna les quatre vérités dans l'ordre de la *pratique*, non dans l'ordre dans lequel elles sont produites.

En pratique, il vous faut d'abord identifier l'étendue de la souffrance pour savoir que cette vie est rongée par le chagrin ; ce qui accroît votre désir naturel de vous libérer de la douleur. Lorsque vous aurez reconnu la souffrance pour ce qu'elle est, comme l'a fait Bouddha, alors vous serez amené à découvrir les causes, les sources de la souffrance. A l'instar d'un médecin qui doit d'abord énoncer le diagnostic de la maladie, vous devez comprendre la cause profonde de la souffrance avant de pouvoir la traiter. C'est seulement lorsque vous aurez trouvé les sources de la souffrance que vous pourrez comprendre qu'elle peut cesser. En outre, sans avoir bien admis la possibilité de la fin de la souffrance, vous pourriez considérer la pratique de la voie comme une épreuve inutile. Vous pourrez alors chercher les bons chemins pour parvenir à l'arrêt effectif de la souffrance. C'est pourquoi Bouddha a présenté les quatre vérités dans l'ordre de la pratique indiqué ci-dessus.

Je vais exposer maintenant la première noble vérité, et les trois autres au chapitre 3.

La souffrance est une maladie que nous contractons tous. Pour la guérir, nous devons soigneusement identifier l'étendue de la maladie : la douleur, le changement, l'influence du conditionnement.

1. L'un des niveaux de la souffrance est une douleur intense que nous reconnaissons tous comme telle. Même les animaux veulent la surmonter. Les douleurs physiques et mentales de la vie quotidienne, telles que les migraines, l'angoisse d'une séparation, font partie de cette catégorie.

2. Ce que nous éprouvons en général comme le plaisir correspond à une diminution de la douleur. Si la bonne chère et la boisson, par exemple, ne donnaient que du plaisir – si leur nature profonde était le plaisir –, alors quelle que soit la quantité que nous ingurgitons, nous nous sentirions de plus en plus heureux en fonction de ce que nous mangeons et buvons. Au lieu de cela, si nous nous livrons à des excès, nous le payons dans notre corps et notre esprit. Cela signifie que ces expériences du plaisir possèdent une essence interne de souffrance. J'aime bien raconter l'histoire d'une famille qui achète un nouveau poste de télévision. En comparaison de l'ancien, il est admirable et la famille regarde toute la journée la télévision. Il arrive qu'elle s'en fatigue. Ce qui montre que, dans le plaisir originel, subsiste une essence

de douleur. Ces états de bonheur temporaire se nomment la souffrance du changement.

3. Outre la douleur ordinaire et la souffrance du changement, il existe un niveau plus profond de souffrance, l'influence du conditionnement. L'esprit et le corps opèrent sous la pression du karma (tendances créées par des actes du passé) et des émotions douloureuses ou contre-productives, telles que la luxure et la haine. Dans la vie ordinaire, nous sommes soumis à l'influence pénétrante du karma et des émotions douloureuses ; même les sentiments neutres se trouvent sous l'influence de causes et de conditions hors de notre contrôle qui nous entraînent dans un processus perméable à la souffrance.

### *La condition humaine*

Au début de notre vie, il y a la naissance, pendant laquelle nous souffrons. A la fin, il y a la mort, durant laquelle nous souffrons également. Entre les deux, s'étendent la vieillesse et la maladie. Quelles que soient votre fortune ou votre forme physique, il vous faudra subir ces circonstances douloureuses.

En plus, l'insatisfaction nous taraude. Vous désirez toujours plus. Telle est, en un sens, la vraie pauvreté – avoir toujours faim sans avoir le temps d'être rassasié. Certains hommes ne sont peut-être pas riches, mais leur caractère heureux leur procure moins de soucis, moins d'ennemis, moins de problèmes et un excellent sommeil. Lorsque j'ai eu l'occasion de visiter de belles maisons dans des communautés aisées, il m'est arrivé de jeter un coup d'œil dans l'armoire à pharmacie des salles de bains. J'y ai trouvé des médicaments destinés à stimuler l'énergie le jour et d'autres pour permettre de dormir la nuit. Un caractère heureux contribuerait à mieux accomplir ces deux fonctions puisqu'il réduirait l'angoisse durant la journée et procurerait un sommeil paisible.

Sous la tension de la vie moderne, nous perdons de vue les vraies valeurs humaines. Les gens se limitent à n'être que la somme totale de ce qu'ils produisent. Les êtres humains se comportent comme des machines dont la fonction est de faire de l'argent. Quelle erreur ! Nous avons besoin d'assez d'argent pour vivre, mais nous devons aussi admettre que si nous sommes trop attachés à la richesse, cela ne nous est d'aucun secours. Les saints en Inde et au Tibet sont persuadés que plus on accroît ses richesses, plus on endure de souffrances.

Les amis peuvent aussi nous faire souffrir. En général, nous croyons que les amis sont destinés à nous donner du plaisir et du bonheur. Quelquefois, ils nous causent des problèmes. Un jour, votre ami présente un visage agréable et souriant, mais l'instant d'après la conversation peut s'envenimer, vous allez vous quereller et l'amitié disparaît. Nous pouvons trouver du bonheur ou de la satisfaction auprès de nos amis mais il est temporaire. Il ne s'agit pas du véritable bonheur. L'amitié ordinaire possède une essence de douleur.

Considérez votre propre corps. Vous aurez beau avoir une peau lisse et une silhouette élégante, sous la peau il y a la chair ; regardez plus profondément et vous trouverez l'os. Les squelettes exposés dans un musée ou un hôpital causent à la plupart d'entre nous un certain malaise. Nous sommes tous les mêmes sous la peau. Certaines personnes sont grosses, d'autres maigres, d'autres belles, mais si je les regarde à travers une machine à rayons X, je vois une pièce remplie de squelettes avec des orbites énormes. Telle est la vraie nature de notre corps.

Considérez le plaisir de manger. Aujourd'hui, j'ai absorbé une nourriture délicieuse. C'était merveilleux pendant que je mastiquais, mais tandis qu'elle glissait dans mon estomac et mes intestins, elle s'est transformée en excréments, loin de la gastronomie. Pendant que nous déjeunons, nous évitons de remarquer ce processus et nous sommes satisfaits de penser : « Quel bon repas ! Je me suis régalé ! » Mais cette délicieuse nourriture traverse mon corps peu à peu ; pour terminer dans les toilettes sous une forme que personne n'apprécie. Ces excréments que les gens trouvent sales sont fabriqués dans notre corps. Dans un sens, aller à la selle est l'une des fonctions principales de notre corps !

Se nourrir, travailler, gagner de l'argent, ces activités n'ont pas de sens en elles-mêmes. Tandis qu'un petit acte de compassion procure un sens et un but à notre vie.

Analysez. Pensez, pensez, pensez. Vous vous apercevrez que notre vie ordinaire n'a pratiquement pas de sens. Ne vous découragez pas. Il serait idiot d'abandonner maintenant. Faites un effort ! Nous sommes tellement habitués aux états d'esprit erronés qu'il est difficile de changer avec seulement un peu de pratique. Une goutte sucrée ne peut enlever un goût particulièrement amer. Nous devons persévérer malgré l'échec.

Dans des circonstances personnelles difficiles, la meilleure solution consiste à rester aussi honnête et sincère que possible. Si vous répondez brusquement ou égoïstement, vous ne ferez qu'aggraver les choses. C'est particulièrement évident lors des réunions de famille pénibles. Vous devez vous rendre compte que les difficiles circonstances présentes sont entièrement dues à vos actions regrettables du passé. Lorsque vous passez par une période de tension, faites de votre mieux pour éviter des comportements qui s'ajouteront plus tard à votre fardeau.

Il est important de réduire les états d'esprit négatifs, mais encore plus de faire face à l'adversité en prenant une attitude positive. Souvenez-vous de ceci : en accueillant les ennuis avec optimisme et espoir, vous atténuerez de futurs problèmes encore plus graves. Imaginez alors que vous allégez le fardeau de tous ceux qui souffrent des mêmes maux. Cet exercice – imaginez qu'en acceptant votre souffrance vous affaiblissez le karma négatif de ceux qui sont destinés à subir cette souffrance – est très bénéfique. Parfois, quand je suis malade, je m'efforce de prendre sur moi les souffrances des autres en leur offrant mon aptitude au bonheur ; cela procure un grand soulagement mental.

Le matin de bonne heure, surtout quand j'en ai le temps, j'accomplis cet exercice en général pour l'ensemble de tous les êtres vivants. Je me concentre en particulier sur les dirigeants chinois et les responsables officiels qui doivent décider sur-le-champ de torturer ou de tuer certains Tibétains. Je les visualise, et j'attire sur moi leur ignorance, leurs préjugés, leur haine et leur orgueil. Je sais que grâce à mon entraînement, même si j'absorbais une partie de leurs attitudes négatives, cela ne pourrait pas influencer mon comportement ni me transformer en une personne dangereuse. C'est pourquoi l'absorption de leur haine n'est pas un problème pour moi, mais cette pratique diminue la leur. Je m'y adonne avec une telle intensité que si, plus tard au bureau, j'entends évoquer leurs atrocités, bien qu'une partie de mon esprit en soit irritée, l'essentiel se trouve encore sous l'influence de l'exercice du matin ; l'intensité de la haine est réduite au point où elle a perdu son fondement.

Que ma méditation aide réellement ces officiels chinois ou non, elle m'apporte la paix de l'esprit et me procure un immense bienfait.

Vous ne devez pas abandonner l'espoir, quelles que soient les circonstances. Le désespoir est une véritable cause d'échec. Souvenez-vous que vous êtes capable de surmonter n'importe quel problème. Restez calme, même quand l'environnement extérieur est compliqué ; ces circonstances auront peu d'effet sur vous si votre esprit demeure en paix. D'un autre côté, si vous cédez à la colère, même si le monde vous semble agréable la paix de l'esprit vous quittera.

### Sommaire pour une pratique quotidienne

1. Examinez votre motivation aussi souvent que vous le pourrez. Avant de sortir du lit le matin, jetez un regard serein, paisible sur votre journée. La nuit, examinez ce que vous avez fait durant la journée.

2. Soyez attentifs à la dose de souffrance qui se trouve dans votre propre vie.

Des douleurs physiques et mentales sont provoquées par la maladie, la vieillesse et la mort. Vous cherchez naturellement à les éviter. Il existe des expériences temporaires, par exemple goûter d'excellents plats qui peuvent sur le moment sembler délicieux mais qui se changeront en douleur si vous en abusez. Lorsqu'une situation évolue du plaisir à la douleur, réfléchissez sur ce que révèle la nature profonde de ce plaisir originel. L'attachement à des plaisirs aussi superficiels n'apportera que davantage de souffrance.

Réfléchissez à la manière dont vous êtes conditionnés par l'extérieur, plutôt que de rester sous votre propre contrôle. Cela est dû à votre karma et à des émotions douloureuses.

3. Essayez d'accroître graduellement une vision plus réaliste de votre corps en analysant ses constituants : la peau, le sang, la chair, les os, etc.

4. Analysez votre vie à fond. Si vous y parvenez, vous trouverez éventuellement difficile de gâcher votre existence en agissant comme un automate ou en ne songeant qu'à gagner de l'argent. Surtout si vous pensez que cela vous conduit au bonheur.

5. Devant les difficultés, adoptez une attitude positive. En les surmontant avec élégance, vous éviterez ainsi des conséquences plus graves dues aux karmas, qu'autrement vous auriez à revivre dans l'avenir. Chargez-vous du fardeau de la souffrance des autres.

6. Evaluez régulièrement les effets positifs et négatifs de sentiments tels que la lubricité, la colère, la jalousie et la haine.

Lorsqu'il vous paraîtra évident que leurs effets sont pervers, poursuivez votre analyse. Vos convictions se renforceront. Répétez-vous les effets négatifs de la colère, par exemple. Vous serez ainsi conduits à comprendre qu'il est ridicule de se mettre en colère. Cette prise de conscience permettra à votre tendance à la colère de s'estomper peu à peu.

# 3

# Découvrez comment les problèmes surgissent et disparaissent

## La deuxième noble vérité : les véritables sources de la souffrance

Après avoir identifié la portée de la souffrance, il faut en découvrir les sources qui sont doubles : douloureuses ou négatives, d'ordre émotionnel et des karmas contaminés.

### *Les émotions douloureuses*

J'évoquerai d'abord les émotions douloureuses qui contaminent les karmas ou actions. Il existe deux variétés d'émotions douloureuses. Il vaut mieux exprimer l'une et taire l'autre. La première, par exemple, se rattache à une terrible peur issue du passé et qui est demeurée fixée dans l'esprit. En ce cas, mieux vaut en parler et remettre l'incident à sa vraie place. Lorsque j'avais environ quatorze ans, pendant l'été, au palais de Norbulingka, le Régent (qui à l'époque était mon tuteur) m'a grondé après l'enseignement qu'il donnait chaque année. D'une manière cassante, il me dit : « Même si vos actes sont équivalents à ceux d'un dieu, vous devez conformer votre conduite à celle d'un être humain ! » J'en ai été blessé parce que je croyais me conduire comme un étudiant ordinaire en l'écoutant, bien que je sois le Dalaï-Lama, dont le rang était plus élevé que le sien. J'en ai été agacé et cela m'a été désagréable quand j'y pensais durant les mois suivants.

Lorsque les communistes chinois ont envahi le Tibet oriental en 1950, il m'a fallu m'évader de Lhasa à Tromo au sud-ouest du pays, près de la frontière de l'Inde. Plus tard, des officiels à Lhasa m'ont fait savoir que la situation s'améliorait et qu'il me fallait revenir. Sur la route du retour vers Lhasa, nous avons passé quelques jours à Talungdra, le monastère du Régent. Un jour, il m'a demandé, au cours d'une conversation où nous parlions à bâtons rompus, si sa remarque m'avait choqué. Je lui ai raconté ce que j'avais ressenti, sans donner trop de détails. Quel soulagement pour moi ! Notre séjour au monastère en a été rendu très agréable.

Mieux vaut parler des événements pénibles s'ils ne sont survenus qu'une fois. Tandis que l'autre famille d'émotions négatives – la lubricité, la haine, l'hostilité, la jalousie et l'agressivité – doit rester cachée. Si on en faisait état, ces sentiments se renouvelleraient et se développeraient. Il est préférable de réfléchir sur les inconvénients de partager de tels sentiments négatifs et de tenter d'y substituer des sentiments d'affection et de satisfaction. Nous devrions surmonter ces émotions négatives lorsqu'elles surviennent mais il serait préférable de trouver le moyen de ne pas les ressentir du tout.

Le désir sexuel et la haine entraînent d'autres émotions contre-productives, créant ainsi de nombreux problèmes dans le monde. Nous ne pouvons nous contenter de vivre avec les fruits de la luxure et de la haine. Entre les deux, la haine est la plus dangereuse parce qu'elle cause rapidement du mal aux autres mais le désir sexuel est responsable de la continuation de l'existence cyclique – le cercle infini de la naissance, de la vieillesse, de la maladie et de la mort – d'une vie à une autre.

La racine de la luxure et de la haine est l'ignorance de l'essence de tous les êtres vivants comme des choses animées. Cette ignorance n'est pas seulement un manque de connaissance mais une conscience qui imagine l'inverse de la vérité. Elle interprète mal ce qui existe. On voit de nombreux niveaux de perception erronée, par exemple ne pas savoir choisir ce qu'il faut adopter ou rejeter dans notre conduite quotidienne. L'ignorance se trouve à la racine de toutes les souffrances, notamment la notion selon laquelle les êtres sensibles et d'autres phénomènes existent d'une manière inhérente. Je présenterai ce sujet difficile aux chapitres 8, 9 et 10.

### *Les karmas contaminés*

Plaisir et douleur dépendent des karmas, ou actions passées, qui ont créé des prédispositions dans notre esprit. On peut diviser les karmas en vertueux ou non vertueux s'ils produisent à la longue du plaisir ou de la peine. Par exemple, si l'effet d'une action consiste à commencer une vie nouvelle, cette action est vertueuse parce que son effet à long terme sera une bonne transmigration. A l'inverse, si l'effet d'une action est de provoquer votre renaissance en fantôme affamé, cette action est nuisible parce que son effet sur le long terme sera une mauvaise transmigration.

On peut diviser les karmas entre ceux qui dessinent le plan d'une nouvelle vie en déterminant le genre de naissance et la durée de la vie, et ceux qui concernent les détails d'une vie tels que la prospérité, la santé, etc. La première catégorie est appelée le « chemin d'action » parce que cette action (vertueuse ou non) sert de chemin ou de moyen à une vie entière vers une bonne ou une mauvaise transmigration. Pour être un « chemin d'action » un karma doit posséder quatre caractéristiques : une intention motivée, une identification correcte de la personne ou de l'objet, une préparation adéquate et une réalisation accomplie. Parfois, ces facteurs surviennent simultanément, par exemple lorsque vous avez l'intention de donner une aumône à un mendiant et que vous le faites ; parfois, seule la motivation est présente : vous avez l'intention de donner de l'argent à un mendiant mais vous ne le faites pas ; ou vous pouvez obtenir un résultat sans en avoir eu l'intention, si de la monnaie tombe d'un trou dans votre poche sur le trottoir et qu'un mendiant la ramasse. Les actions qui n'ont pas les quatre caractéristiques pourraient appartenir à la seconde catégorie, qui concerne les détails.

Enfin, les karmas peuvent être divisés entre ceux accomplis en groupe, tels que des organisations humanitaires, et les karmas individuels. Les effets des karmas peuvent être expérimentés dans la vie présente, dans la prochaine ou dans une autre. Des karmas puissants, vertueux ou non vertueux avec une motivation puissante pour rendre service ou nuire, peuvent produire leurs effets durant cette vie.

### *Le processus de la mort*

Afin de comprendre les différentes sortes de karmas et les caractères spécifiques des plus hauts degrés de pratique, il est nécessaire de comprendre les dynamiques de trois stades : le processus de la mort, l'état intermédiaire entre cette vie et la prochaine, et le processus de renaissance, hors de l'état intermédiaire. La transmission des karmas d'une vie à une autre survient pendant la mort à travers un esprit subtil de claire lumière. Bien que ce niveau le plus profond de l'esprit existe durant la vie entière, il ne se manifeste qu'au moment de la mort. C'est pourquoi on l'enseigne souvent dans ce contexte.

Vous pouvez en apprendre davantage sur ce sujet dans de nombreux textes du « Tantra du Yoga Supérieur », cités par Bouddha, tels que le *Guhyasamaja Tantra*. Ces textes décrivent les nombreuses catégories différentes de l'esprit ou de la conscience, du plus rustique au plus subtil. Les états mentaux les plus subtils sont plus puissants et efficaces quand ils s'appliquent à la pratique spirituelle. Le niveau de conscience le plus rudimentaire est perçu à travers les yeux, les oreilles, le nez et le corps. La conscience mentale est plus subtile. Elle se situe entre les niveaux primaires de la pensée ordinaire, le sommeil profond et l'évanouissement lorsque le souffle s'est arrêté, l'esprit subtil le plus intérieur de la claire lumière. A l'exception d'états méditatifs extraordinaires, la conscience la plus subtile et la plus profonde ne se manifeste que lorsque nous mourons. (Moins profondément et dans des versions plus brèves, les niveaux subtils de conscience surviennent aussi lorsqu'on s'endort, à la fin d'un rêve, en éternuant, en bâillant, et pendant l'orgasme. Je parlerai de ce dernier dans le chapitre 11.)

Le processus de mourir implique une cessation en série, ou dissolution, des quatre éléments internes : la terre (les substances dures du corps) ; l'eau (les fluides) ; le feu (la chaleur) ; et le vent (l'énergie, le mouvement). Au cours d'une vie ordinaire, ces éléments servent de base à la conscience. Pendant le processus de la mort leur capacité de support de la conscience décroît, à commencer par l'élément terre. Etape par étape, cela se présente ainsi :

1. Lorsque l'élément terre, ou la substance dure de votre corps, se dissout dans l'élément eau, l'indication extérieure est que votre corps maigrit. Intérieurement, vous discernez ce qui semble être un mirage dans le désert.

2. Lorsque l'élément eau de votre corps se dissout

dans l'élément feu, les signes extérieurs sont que les fluides de votre corps se dessèchent – vous avez la bouche sèche, votre nez se plisse, etc. Intérieurement, vous voyez ce que l'on décrit comme de la fumée sortant d'une cheminée ou flottant dans une pièce.

3. Lorsque l'élément feu de votre corps se dissout dans l'air ou l'élément vent, le signe extérieur est que la chaleur de votre corps diminue. Intérieurement, vous voyez ce qui ressemble à des lucioles la nuit ou à un éclatement d'étincelles. La chaleur quitte votre corps de différentes manières – des pieds en montant vers le cœur ou du haut de la tête vers le bas. La première manière est préférable car elle indique que l'esprit quittera le corps par le haut ou en avant et non par le bas, ce qui mènera probablement à une prochaine vie favorable. Cela est causé par un karma vertueux.

4. Ensuite, le vent, ou le mouvement d'énergie de votre corps, se dissout dans la conscience et votre respiration extérieure cesse. A ce moment vous voyez une apparition telle la flamme vacillante d'une bougie quand la cire est presque fondue. (Les médecins diraient qu'une personne dans cet état est morte mais, du point de vue bouddhiste, le simple arrêt de la respiration extérieure ne signifie pas que la conscience ait quitté le corps.) Une flamme normale remplace la lumière vacillante de la bougie.

Les quatre phases finales de la mort impliquent la dissolution des niveaux primaires de la conscience dans les plus subtils. Cela se passe quand les vents, ou énergies intérieures, qui servent de support à la conscience, se dissolvent. Imaginez la conscience montant l'énergie comme un cavalier son cheval. En préparation de la prochaine phase, les énergies qui servent de montures aux nombreuses variétés de consciences conceptuelles se dissolvent, transformant la base de la conscience des niveaux primaires vers les niveaux plus subtils d'énergie. Cela arrive naturellement en quatre phases :

5. Votre esprit se transforme en une immense étendue blanche, omniprésente et éclatante. Elle est décrite comme un ciel pur illuminé par le clair de lune – la lune luit dans un espace non pas vide mais irradié de lumière blanche. La pensée conceptuelle a disparu. Seule apparaît cette blancheur éclatante qui est votre conscience. Une notion subtile de sujet et d'objet subsiste cependant, ce qui rend cet état légèrement double.

6. Votre esprit devient une vaste étendue rouge ou orange, plus éclatante qu'auparavant. Rien d'autre n'apparaît. Cela ressemble à un ciel pur vibrant de la lumière du soleil – non le soleil qui brille dans le ciel mais l'espace lui-même comblé d'une lumière rouge ou orange. Dans cet état, l'esprit est encore moins double.

7. Votre esprit même se transforme en un état encore plus subtil de noir total. Rien d'autre n'apparaît. Cela s'appelle la « réalisation presque achevée », parce que vous êtes près de manifester l'esprit de pure lumière. L'esprit du vaste espace noir ressemble à un ciel sans lune, très sombre juste après le crépuscule lorsqu'on ne discerne aucune étoile. Au début de cette phase, vous

êtes conscient mais, lorsque vous perdez conscience, vous sombrez dans une obscurité encore plus profonde.

8. Quand l'esprit de l'apparence noire cesse, votre propre esprit se transforme dans l'esprit de pure lumière. Appelé « esprit intérieur fondamental de pure lumière », c'est le niveau de conscience le plus subtil, le plus profond et le plus puissant. Cela ressemble à la couleur naturelle du ciel à l'aube (avant le lever du soleil) – sans le rayonnement de la lune, du soleil, ni l'obscurité de la nuit noire.

Le passage jusqu'à l'esprit de pure lumière peut s'effectuer rapidement ou lentement. Certaines personnes demeurent dans la phase finale de l'esprit de pure lumière de la mort pendant quelques minutes seulement, d'autres peuvent y demeurer une semaine ou deux. Comme l'esprit de pure lumière est très puissant, il est très important de l'exercer. C'est pourquoi de nombreux pratiquants tibétains répètent ces phases de la mort quotidiennement. Je les pratique moi-même six fois par jour en imaginant les huit niveaux de l'esprit l'un après l'autre (sans les changements physiques des quatre premières phases). Les huit niveaux de l'esprit sont :

1. un mirage
2. une fumée
3. des lucioles
4. la flamme d'une bougie
5. un ciel-mental d'une blancheur éclatante
6. un ciel-mental d'un rouge ou d'un orange éclatants

7. un ciel-mental d'un noir profond
8. la pure lumière.

Pendant le processus de la mort, nous savons que la personne se trouve encore dans la pure lumière tant que le corps ne commence pas à sentir ou à pourrir. Des Tibétains torturés et ramenés ensuite dans leur cellule s'assoient en tailleur durant le processus de la mort, en produisant l'esprit de pure lumière. On dit que leurs gardiens chinois ont été sidérés par ce phénomène. De leur point de vue dogmatique, ils considèrent le bouddhisme comme une foi aveugle. Lorsqu'ils sont confrontés à de tels faits, ils essaient de les passer sous silence. En Inde, de nombreux pratiquants sont demeurés dans cet état, quelquefois pendant plusieurs jours et dans un cas durant dix-sept jours. Lorsqu'une personne reste dans l'état de pure lumière, si l'énergie qui supporte ce niveau profond de l'esprit se met à fluctuer, à ce point la conscience quitte le corps qui se déplace légèrement, ainsi que la tête.

Il existe de nombreuses opportunités pour des investigations approfondies des différentes phases de la mort. La science moderne a entrepris des recherches importantes sur les ondes énergétiques, le cerveau humain et ses fonctions. Les scientifiques et les bouddhistes partagent un intérêt commun dans ces domaines. Je pense que nous devrions travailler ensemble afin d'étudier la relation entre l'esprit et ses énergies intérieures, entre le cerveau et la conscience. Les explications bouddhistes peuvent contribuer à la recherche scientifique, et vice versa. Ce genre de coopération fonctionne déjà mais il gagnerait à se développer.

### *L'état intermédiaire*

Tous les êtres qui doivent renaître sous une forme humaine traversent un état intermédiaire entre cette vie et la prochaine. Durant cette phase intermédiaire votre corps prend une forme qui ressemble à celle qu'il aura dans sa prochaine vie à l'âge de cinq ou six ans (bien que certains estiment que ce n'est pas évident). À la fin de la phase intermédiaire, la traversée vers la prochaine vie est accomplie. Ce processus s'opère au niveau le plus subtil de l'esprit.

### *Le processus de la renaissance*

À propos de la renaissance, la conscience pénètre dans l'utérus lorsque les éléments reproductifs mâle et femelle se mélangent – à condition qu'il n'y ait aucun problème ni avec l'utérus ni avec le sperme, et que les facteurs favorables tels que les connections karmiques soient présents. La conscience n'a pas nécessairement besoin d'entrer au moment de l'union entre le mâle et la femelle ; dans nos Écritures, il existe des comptes rendus sur la semence du père insérée dans le vagin en dehors du rapport sexuel. Il semblerait que si ces éléments se mêlent à l'intérieur ou, comme c'est parfois le cas de nos jours, *in vitro*, à l'extérieur de l'utérus, la conscience apparaîtrait pendant qu'ils se mélangent. Il est difficile d'arriver à une explication concluante à partir des textes bouddhistes puisque certaines Écritures disent que la fécondation s'opère quand l'homme et la femme éprouvent le désir le plus fort.

Ce sujet complexe devient encore plus compliqué à notre époque. Prenez l'exemple d'un embryon congelé. Lorsque la connection a été établie entre la vie passée et la vie nouvelle grâce à la fécondation, cet être dont le corps embryonnaire est congelé souffre-t-il du froid ? L'émergence du corps a été établie et, selon nos explications, l'organe de la sensation primitive est déjà formé (même si les organes de la vision, etc., ne le sont pas encore). Y a-t-il une sensation physique dès le moment qui succède à la fécondation ? Je ne suis pas arrivé à me décider sur ces points. Ils forment le sujet de nombreuses discussions.

Si nous supposons que l'être de l'embryon souffre du froid, la question se pose de savoir si la personne qui place l'embryon dans le congélateur accumule par cette action un mauvais karma. Cela dépendrait de sa motivation. Nous ne pouvons affirmer que, parce qu'un être souffre en raison d'une action que vous lui avez fait subir, vous accumulerez un mauvais karma. Par exemple, même dans des circonstances normales, le fœtus dans le ventre de la mère doit souffrir par moments, mais la mère n'accumule pas un mauvais karma. De même, lorsque l'enfant naît, il souffre de nouveau, mais la mère n'accumule pas un mauvais karma (si c'était le cas, une mère qui met au monde de nombreux enfants aurait accumulé beaucoup de mauvais karmas, ce qui est absurde !). La motivation de la personne est la clé qui détermine quelle sorte de karma sera accumulée.

## La troisième noble vérité : la cessation de la souffrance

Puisque les souillures de l'esprit telles que la luxure, la haine, la jalousie et l'agressivité sont fondées sur des conceptions fondamentales erronées de la nature des personnes et des objets, les surmonter exige de vaincre l'ignorance. Comment éradiquer l'ignorance qui est la cause de la souffrance ? Elle ne peut être retirée comme une épine ou enlevée par un acte chirurgical. Afin de surmonter cette fausse conception de la nature des personnes et des objets, il est nécessaire de comprendre leur nature véritable. Alors, grâce à une méditation prolongée, vous vous habituerez à la vérité et vous augmenterez le pouvoir de la sagesse qui ébranlera les émotions négatives enracinées dans l'ignorance.

A ce point, il serait utile d'expliquer la vacuité puisque c'est ce que la sagesse réalise au sujet de la nature des personnes et des objets (voir chapitres 8 à 10). Mais pour résumer, le fait que les souillures telles que les émotions douloureuses puissent être éliminées tient à ce que la nature de l'esprit n'est pas impure. Son essence est pure. Les souillures sont purifiées grâce à la méditation sur la véritable nature de l'esprit et de tout ce qui existe. L'élimination de ces souillures correspond à la troisième noble vérité de fin de la souffrance – un état qui se situe au-delà de la souffrance et de ses causes.

### LA QUATRIÈME NOBLE VÉRITÉ : LES VOIES VÉRITABLES

Les voies véritables se réfèrent aux trois manières de pratiquer – thèmes principaux de ce livre – la morale, la méditation concentrée et la sagesse. La pratique spirituelle de ces voies mène aux cessations vraies qui culminent dans le nirvana et s'accomplissent éventuellement dans la bouddhéité.

Depuis la nuit des temps, nous avons une conscience du moi. Ce « moi », ou « je », par sa nature innée, désire le bonheur et rejette la souffrance. Ce désir est valide – il est vrai et raisonnable. Nous avons tous le droit d'atteindre le bonheur et de bannir la souffrance. Que la souffrance et le bonheur évoluent d'un moment à l'autre indique que ces expériences dépendent de certaines causes et de conditions. Afin de se débarrasser de la souffrance, il est nécessaire d'éliminer les causes et les conditions de celle-ci. Pour obtenir le bonheur, il est nécessaire d'acquérir les causes et les conditions du bonheur.

Les deux premières nobles vérités concernent les phénomènes impurs que nous voulons éliminer : des souffrances vraies qui en sont les effets, et les voies véritables qui en sont les causes. Les deux nobles vérités finales correspondent à de purs états que nous cherchons à atteindre : l'arrêt des effets et les véritables chemins qui représentent les causes. Bouddha a enseigné les quatre nobles vérités en deux séquences – l'une sur la souffrance, que nous tendons à éviter, et l'autre sur le bonheur, que nous cherchons à acquérir.

### Résumé pour une pratique quotidienne

Après avoir identifié la dimension de la souffrance, cherchez ses causes ou ses sources, et constatez que la source de la souffrance est l'ignorance de la vraie nature des personnes et des conséquences qui en résultent : la lubricité, la haine, etc. Si l'on prend conscience que cette souffrance peut être éliminée, elle pourrait disparaître de la sphère de la réalité. Il suffit de réfléchir. La cessation de la souffrance peut survenir grâce à la pratique de l'éthique, de la méditation concentrée et de la sagesse : les voies véritables.

# 4

# S'abstenir de faire le mal

Dans le contexte de leur premier refuge en Bouddha, au cours des étapes qui mènent à l'illumination dans leur communauté spirituelle, les bouddhistes s'engagent à vivre selon l'éthique. Le refuge est la base de la pratique de l'éthique. Bouddha nous apprend comment échapper à la souffrance et aux limites de notre nature, mais le refuge principal, la source de protection, se trouve au cours des étapes qui mènent à l'illumination à laquelle on parvient en pratiquant l'éthique, la méditation et la sagesse. Les écrits bouddhistes recommandent que l'on dissimule ses qualités et ses bonnes actions comme une lampe au cœur d'un vaisseau. Il ne faut pas en faire état à moins qu'une raison majeure ne l'exige. Est considéré comme une infraction mineure des vœux monastiques que celui ou celle qui parvient à l'illumination l'avoue à quelqu'un. Si tel est le cas, il est difficile de déterminer quel stade de l'expérience mystique a atteint le religieux. Il m'est arrivé pourtant de rencontrer bien des gens parvenus à un extraordinaire développement spirituel.

Il y avait dans mon monastère de Namgyel un moine qui n'avait pas suivi une formation classique, et qui m'a suivi du Tibet en Inde, vers 1980. Puisque nous nous connaissions, nous bavardions tranquillement. Un jour, il m'a raconté que, alors qu'il était dans un goulag communiste chinois – pendant presque dix-huit années –, il a dû en différentes occasions affronter des dangers. Lorsque je lui ai demandé : « Quels dangers ? » il m'a répondu : « Le danger de perdre ma compassion envers les Chinois. » Il considérait cela comme un danger ! La plupart d'entre nous serions fiers de raconter aux autres notre colère, et de faire figure de héros.

Un lama de la tradition Drukpa Kagyu et moi-même étions très proches. Nous nous rencontrions fréquemment et nous avions l'habitude de plaisanter, en nous taquinant l'un l'autre. Une fois je l'ai interrogé au sujet de son expérience spirituelle. Il m'a dit que, lorsqu'il était jeune, il demeurait avec son lama qui l'avait incité à pratiquer cent mille prosternations aussi bien devant le Bouddha, sa doctrine, que devant la communauté spirituelle. Très tôt le matin et tard dans la soirée, il devait exécuter ses prosternations sur une plate-forme basse, de la longueur de son corps. Son lama méditait dans le noir, dans la pièce voisine ; lui se contentait souvent de donner un coup sec d'une phalange sur la plate-forme, pour lui faire croire qu'il se prosternait. Des années plus tard, après la mort de son lama, il suivait une retraite, en méditant dans une grotte, lorsqu'il se souvint de la grande bonté de son lama envers lui, durant ses années d'apprentissage. Il versa alors toutes les larmes de son corps. Il s'en évanouit presque mais connut l'illumination de la claire lumière, qu'il continuait à revivre. Après de fécondes méditations, il lui arrivait parfois de se souvenir de ses vies antérieures qui lui apportaient des pensées stimulantes.

Ces récits de première main m'ont inspiré. De sérieux pratiquants aujourd'hui se tournent vers la bouddhéité. Rencontrer de telles personnes nourrit notre inspiration et notre courage. Grâce à elles, l'enseignement prend vie. Ainsi, la communauté spirituelle offre-t-elle des modèles aux disciples qui leur permettent de voir loin et qui peuvent aider à atteindre le refuge.

Ces éléments, le Bouddha, les étapes qui mènent à la Voie, la réalisation spirituelle et les doctrines qui en enseignent les données comme la communauté elle-même, forment autant de facteurs qui offrent les plus grandes opportunités pour mettre fin à la souffrance que vous endurez. Un bouddhiste ne leur demande pas de garantir le bonheur. Le bonheur vient plutôt lorsqu'on met la doctrine en pratique. Bouddha donne le refuge – comment pratiquer la doctrine – mais la responsabilité essentielle réside en votre implication personnelle. Pour atteindre un éventuel état spirituel dépourvu de souffrance et qui échappe aux limites humaines, nous avons besoin de nous engager dans la pratique suivante :

1. Identifiez les dix non-vertus (voir p. 36).

2. Mettez un nom sur les dix vertus (qui sont les opposées des précédentes).

3. Abandonnez les premières et adoptez les autres.

## Les niveaux de pratique de l'éthique qui mènent à la réalisation spirituelle

La capacité qu'ont les gens de respecter leurs vœux est variable. C'est pourquoi Bouddha a décrit différents niveaux de la pratique de l'éthique. Pour parvenir à la réalisation spirituelle, il existe :

— Ceux qui mènent une vie familiale à la maison plutôt que dans un monastère.

— Ceux qui ont quitté leur foyer pour devenir nonne ou moine.

— Si vous êtes capables de garder la chasteté pendant la durée de votre vie, vous pouvez quitter votre demeure et prononcer des vœux monastiques.

— S'il vous est impossible de rester chaste mais que vous ayez l'intention de prononcer vos vœux, vous pouvez prononcer des vœux laïques soit pour une vie entière, soit pour un jour seulement.

## Les bienfaits de l'éthique

Il existe bien des points communs propres à la vie monastique dans toutes les religions : la simplicité, la dévotion grâce à la prière et à la méditation, et le service des autres. Le clergé chrétien est particulièrement efficace dans les domaines de l'éducation, de la santé et du service social. Les moines bouddhistes ont beaucoup à apprendre de ces traditions chrétiennes. S'attacher à l'éthique vers la réalisation spirituelle, que l'on soit moine ou laïc, procure de la satisfaction. Par exemple, les moines suivent une diète limitée : un petit déjeuner léger, un déjeuner, c'est tout. Ils n'ont aucun droit d'exiger : « Je voudrais ceci ou cela. » Quoi qu'on leur offre, lors de leurs tournées quotidiennes de mendicité, ils sont tenus de l'accepter. Les moines bouddhistes ne sont pas nécessairement végétariens. Ils prennent ce qu'on leur offre. Cela correspond à l'apprentissage du *contentement de se nourrir*, ce qui a pour effet de leur retirer toute inquiétude quant à leur menu. Les laïcs peuvent faire preuve d'émulation en ne réclamant pas de plats particuliers.

Si vous disposez d'une certaine fortune, il vous est impossible de consommer plus que les malheureux, sauf à votre propre détriment. Riche ou pauvre, on a le même estomac.

En ce qui concerne les vêtements, moines et nonnes n'ont qu'un jeu de robes. Peu en possèdent plus d'une. S'il en faut une en supplément, il ou elle doit la demander avec sa bénédiction à un autre moine, en gardant à l'esprit que cette nouvelle tenue appartient à l'autre personne. Nous n'avons pas le droit de porter des vêtements de prix. Avant l'invasion des communistes chinois, il arrivait parfois que des moines ou des nonnes se complaisent dans des vêtements de luxe, ce qui était un symbole de corruption et d'illusion personnelle. (D'une certaine manière, les communistes chinois nous ont rendu service en nous débarrassant de ces signes de corruption.) Limiter sa garde-robe correspond au *contentement de se vêtir*. Les laïcs peuvent suivre cet exemple en choisissant des tenues modestes. Il en va de même pour les accessoires. Porter plus d'une bague à chaque doigt est exagéré. Croire qu'on se valorise en dépensant des fortunes en repas, vêtements luxueux ou autres signes extérieurs de richesse, simplement parce qu'on a de l'argent, est une erreur. Mieux vaut en dépenser davantage pour la santé et l'éducation des plus démunis. Il ne s'agit pas ici de socialisme en tant que concept mais de compassion volontaire.

Il est essentiel que les moines se contentent également d'un abri adéquat. Un logement trop bien équipé n'est pas autorisé. Il s'agit d'acquérir le *contentement de se loger*. Les laïcs qui ont prononcé leurs vœux peuvent adopter ce mode d'existence en restreignant leur quête dévorante pour une demeure de luxe, mobilier et décoration compris.

Analysez votre attitude par rapport aux repas, aux vêtements et au logement que vous habitez. Si vous parvenez à réduire votre avidité, vous parviendrez à une certaine satisfaction. L'énergie que vous économiserez s'emploierait utilement à la méditation comme à résoudre vos problèmes. Elle correspond à la quatrième et à la troisième nobles vérités. Ainsi la satisfaction forme-t-elle une base. L'action qui en résulte a pour nom : *apprécier la méditation et l'abandon*.

Mieux vaut se restreindre sur le plan matériel. Ceux

qui en sont prisonniers ignorent le monde spirituel qui, lui, est infini.

S'il est vrai qu'un insatisfait qui posséderait le monde entier peut avoir envie de devenir propriétaire d'un centre touristique sur la lune, la vie de cette personne est limitée comme le sont ses biens. Mieux vaut se satisfaire au commencement. La compassion et l'altruisme n'ont aucune limite et nous ne devons pas accepter de rester fixés au degré que nous avons atteint.

Pourquoi raisonnons-nous à l'opposé ? Dans le domaine spirituel, nous nous contentons d'une faible pratique et de légers progrès, tandis que d'un point de vue matériel nous en voulons toujours plus. Ce devrait être l'inverse. Chacun a besoin d'y songer, moine ou laïc.

Pratiquer l'éthique de la réalisation spirituelle permet de développer les facultés mentales et l'introspection. Si un moine ou une nonne est sur le point de commettre certains actes répréhensibles, même en rêve, il ou elle doit en prendre conscience. « Je suis un moine / une nonne. Il ne faut pas que j'agisse ainsi. » Les facultés mentales procèdent d'une conscience hautement développée des paroles et des actions qui se manifestent même dans les rêves. Si vous aiguisez votre vigilance, même au moment des repas, assis ou debout, ou durant vos activités, vos facultés mentales s'accroîtront.

La pratique de l'éthique en vue d'une réalisation spirituelle alimente la tolérance et la patience. Bouddha a dit que la patience est la forme la plus élevée de l'ascétisme et que, grâce à elle, on peut atteindre le nirvana. Pour les moines et les nonnes, il faut cultiver quatre variantes de patience et de tolérance.

• Si quelqu'un vous bouscule, vous devez faire preuve de tolérance et de patience.

• Si on est violent à votre égard, ne montrez aucun signe de colère.

• Si quelqu'un vous frappe, vous ne devez rendre aucun coup en retour.

• Si quelqu'un vous dérange et vous insulte, ne lui répondez pas.

Ces exercices entraînent à la patience. Une personne qui aurait quitté par vocation son foyer et qui en blesserait une autre ne suit pas un processus convenable. Au Tibet, on colportait des histoires de moines qui auraient même participé à des combats, bien que l'enseignement de Bouddha précise qu'un moine ou une nonne ne saurait faire du mal à une autre personne.

La pratique spirituelle ne relève pas des biens matériels, nourriture, vêtements et le reste, mais doit faire évoluer nos cœurs et nos esprits. « Le véritable changement se produit à l'intérieur, laissez l'extérieur où il est. » Si votre comportement reflète un cœur et un esprit améliorés, c'est bien. Si vous soulignez vos progrès spirituels pour obtenir des dons, par exemple, c'est hypocrite.

Pratiquer le bouddhisme signifie transformer votre comportement. Les exercices des moines peuvent être insérés dans la vie d'un laïc grâce à une forte prise de conscience qui parviendrait à l'empêcher de blesser les autres en paroles ou en actions. Cela nécessite une patience qui permette de résister à des attaques physiques ou verbales. Une approche graduelle vaut beaucoup mieux que d'essayer de franchir l'obstacle trop haut et trop tôt. On courrait un danger et un grand risque. Pour l'instant, participez à la vie sociale et suivez l'enseignement. Lorsque vous aurez acquis un certain niveau d'expérience, il vous sera possible de pratiquer avec davantage d'énergie vos exercices si vous êtes moine. Il faut les suivre pas à pas. En général, mon conseil aux débutants consiste à leur recommander la patience et à exiger peu de performances. Mieux vaut demeurer un honnête citoyen ou un bon représentant de la communauté humaine plutôt que de saisir ou non des idées profondes. Quelle que soit votre position à l'heure actuelle, il est d'abord essentiel d'être un homme ou une femme de bien. Ce serait une erreur que de négliger un but élevé pour un objectif médiocre. Analysez votre présent et le long terme comme des gains temporaires qu'il faut adapter aux besoins de l'environnement sur le long terme.

J'aime à dire que l'essence de l'enseignement du Bouddha se trouve en ces deux dictons :

Si c'est possible, aidez les autres.

Si ce n'est pas possible, évitez au moins de leur faire du mal.

Se retenir de blesser les autres est l'essence même du stade initial que doit vivre celui qui a l'intention de suivre les enseignements de l'éthique.

## SOMMAIRE POUR UNE PRATIQUE QUOTIDIENNE

1. Examinez votre intérêt pour la nourriture, vos vêtements et votre intérieur. Adaptez à votre vie laïque l'exercice monastique du contentement. Prenez l'habitude de vous satisfaire de repas, d'habits et d'un logement simples. Vous gagnerez du temps que vous pourrez utiliser à la méditation, ce qui vous permettra de résoudre d'autres problèmes.

2. Combattez vos tendances à la méchanceté en paroles ou en actions. Peu importe si l'on vous critique, vous insulte ou vous injurie, si l'on vous bouscule ou si l'on vous frappe.

# 5

# Étendre son aide aux autres

Grâce à l'entraînement de base qui consiste à s'abstenir de faire du mal aux autres, l'altruisme peut être cultivé. Sans ce fondement, comment développer l'altruisme ? Impossible ! Celui qui se bat ne peut prétendre à s'entraîner pour aider les autres. Ainsi, au commencement, la colère et les émotions du même type doivent être contrôlées par l'éthique de la libération individuelle. Ces pratiques, décrites du chapitre 2 à 4 inclus, laissant de côté les dix non-vertus, permettent d'identifier les capacités, le processus de la souffrance et la voie qui permet de le traverser grâce aux quatre nobles vérités, en adaptant à la vie des laïcs le détachement des moines par rapport aux plaisirs éphémères – tout cela crée la base nécessaire au second stade, que nous appelons l'éthique du Grand Véhicule. Avec cet entraînement en arrière-plan, il est facile de développer l'altruisme qui représente l'essence du Grand Véhicule grâce auquel, non seulement vous ne faites pas de mal aux gens, mais vous vous engagez à leur venir en aide. Ne pas faire de mal aux autres est, dans un sens, une pratique défensive, tandis que les aider est positif. Le Bouddha enseigne trois stades d'éthique : l'éthique de la libération individuelle, l'éthique de l'intérêt des autres et l'éthique du Tantra. Aider les autres est l'enseignement du Grand Véhicule, le centre de l'éthique Bodhisattva. C'est aussi le point central de ce chapitre.

### La valeur des circonstances difficiles

Comment développer l'intérêt envers les autres ? La meilleure approche, pour s'orienter vers une plus grande attention à ce qui n'est pas nous, consiste à analyser notre importance par rapport aux autres. Une pratique, qui s'est répandue de l'Inde au Tibet, commence par découvrir d'abord un terrain commun avec les autres (le principe d'égalité) puis place son intérêt personnel dans le centre d'intérêt des autres. L'Indien érudit-yogi Shantideva explique la pratique de l'égalité et la manière de s'interchanger avec les autres dans son *Guide sur la voie des Bodhisattvas*. Bien des Tibétains se sont livrés à des commentaires sur son texte.

La véritable compassion s'étend à chaque être sensible, pas seulement aux amis, à la famille ou à ceux qui souffrent de situations terribles.

Pour développer la pratique de la compassion jusqu'à sa plus grande extension, il faut pratiquer la patience. Il ne s'agit pas de cette compassion limitée que nous éprouvons envers les êtres humains lorsqu'ils se trouvent en situation de détresse. Shantideva explique l'exercice de la patience, nécessaire pour accomplir pleinement la pratique de la compassion. Si vous arrivez à comprendre la pratique de la patience telle que l'explique Shantideva et que cela éveille votre esprit, l'incite à évoluer, vous commencerez à considérer vos ennemis comme vos meilleurs amis, ou comme des guides spirituels.

Nous pouvons beaucoup apprendre de nos ennemis. Cela revient à participer à une expérience. Quand nous rencontrons notre maître, nous ne pouvons tester notre force intérieure. Le meilleur moyen de pratiquer la patience, la tolérance et la compassion est de s'adresser à un ennemi. Shantideva fournit de nombreuses raisons sous forme d'arguments entre les côtés positifs et négatifs de votre esprit. Ils sont très utiles, vraiment merveilleux ! J'ai pris moi-même l'habitude de pratiquer selon ces instructions. Votre âme peut être radicalement transformée. Par exemple : pour celui qui pratique l'amour et la compassion, un ennemi représente l'un des maîtres les plus importants. Sans ennemi on ne peut pratiquer la tolérance. Celle-ci peut se produire face à un ennemi, qui serait à la fois la cause et l'effet. Comme il est dit : « Lorsqu'un élément d'une cause est mauvais, on ne peut considérer cette cause comme mauvaise ; au contraire, celle-ci aide à la production de l'effet. »

Réfléchir sur des raisonnements de ce genre aide à développer une grande patience qui, à son tour, sert de base au développement d'une compassion efficace.

La véritable compassion se fonde sur la raison. La compassion ordinaire ou l'amour sont limités par le désir ou l'attachement. Si vous avez une vie agréable, sans problèmes, vous pouvez maintenir les apparences. Si vous devez affronter une situation désespérée, vous n'avez pas le temps de tricher, il faut gérer la réalité. Les expériences difficiles augmentent la force intérieure. Elles permettent de comprendre l'inutilité de la colère.

Au lieu de vous mettre en colère, si vous développez un souci et un respect profonds pour les responsables de circonstances désagréables, ils vous inciteront à pratiquer la tolérance et la patience ; autrement, comment mettre en pratique la tolérance véritable et la patience ?

Ma vie n'a pas été heureuse. J'ai dû traverser de nombreuses expériences difficiles, y compris abandonner mon pays à l'invasion communiste chinoise et essayer d'instaurer notre culture dans les pays voisins. Mais, je considère ces périodes difficiles comme cruciales. Grâce à elles, j'ai fait de nombreuses expériences nouvelles et j'ai recueilli beaucoup d'idées qui m'ont rendu plus réaliste. Dans ma jeunesse, quand je vivais sur les hauteurs, au-dessus de la ville de Lhasa, dans le palais du Potala, il m'arrivait souvent d'observer au télescope la vie de la cité. J'ai beaucoup appris également des bavardages des balayeurs du palais. Ils me rappelaient les échos de mon journal qui relatait les activités du Régent, la corruption et les scandales qui se produisaient. Je les écoutais et ils étaient fiers de raconter au Dalaï-Lama ce qui se passait au-dehors. Les cruels événements qui ont eu lieu après l'invasion de 1950 m'ont obligé à m'impliquer directement dans des questions qui auraient autrement été tenues à distance. En fonction de quoi j'en suis venu à préférer une vie plus proche des injustices sociales de ce monde de souffrance.

La période la plus difficile pour moi a eu lieu après l'invasion chinoise. J'ai tenté des compromis avec les envahisseurs afin que la situation n'empire pas. Lorsqu'une petite délégation de représentants officiels du Tibet a signé un traité en dix-sept points avec les Chinois, sans mon consentement ni celui du gouvernement, nous n'avions d'autre alternative que de tenter de travailler selon les termes de cet accord. Bien des Tibétains s'en sont indignés mais, lorsqu'ils manifestaient leur opposition, les Chinois réagissaient avec encore plus de cruauté. J'étais pris entre l'enclume et le marteau, tout en essayant d'arranger la situation. Les deux Premiers ministres, agissant en leur propre nom, se sont plaints au gouvernement chinois qui m'a alors demandé de les démettre de leurs fonctions. Tel est le genre de problème que j'ai dû affronter jour après jour, tant que nous étions au Tibet. Nous ne pouvions nous concentrer sur la manière d'améliorer notre propre situation. J'ai dû créer un comité chargé de réformes destinées à alléger les taux d'intérêts excessifs sur l'endettement, etc.

Contre la volonté des Chinois, j'ai visité pour la première fois l'Inde en 1956 pour célébrer le deux mille cinq centième anniversaire de la naissance du Bouddha. En Inde, j'ai dû prendre la difficile décision de retourner ou non au Tibet. Un certain nombre de messages faisaient état de révoltes ouvertes au Tibet oriental et beaucoup de responsables au Tibet m'ont donné le conseil de ne pas revenir. Je savais également, en raison de mon expérience antérieure, que tant que la Chine accroîtrait sa puissance militaire elle ferait preuve de plus en plus de cruauté. Il n'y avait plus grand espoir mais, à cette époque, il n'était pas évident que nous recevrions un support effectif du gouvernement indien ou d'un autre gouvernement.

Nous avons finalement choisi de revenir au Tibet. Mais en 1959, quand une grande partie des Tibétains s'enfuit en Inde, la situation était devenue plus facile car le dilemme avait disparu. Nous avons pu consacrer notre temps et notre énergie à constituer une communauté saine qui offrait à la jeunesse une éducation moderne et préservait notre manière traditionnelle d'étudier et de pratiquer le bouddhisme. Nous travaillions alors sans crainte, dans une atmosphère de liberté.

Ma pratique personnelle a bénéficié d'une vie de grands bouleversements et de difficultés. De votre côté, vous pouvez considérer les épreuves que vous subissez comme un atout pour approfondir votre pratique.

## La pratique d'équilibre et d'échange entre soi et les autres

Grâce aux commentaires de Shantideva en ce qui concerne la pratique d'équilibre et d'échange entre soi et les autres, on prend conscience de l'égalité entre le moi et les autres. Si vous désirez le bonheur et rejetez la souffrance, tous les autres êtres sensibles désirent aussi le bonheur et ne veulent pas de la souffrance. Dites-vous que vous n'êtes qu'une seule personne tandis que les autres sont innombrables. Il serait donc raisonnable de vous consacrer au service des autres qui sont si nombreux. Il ne conviendrait pas de négliger le bien des autres ou de les utiliser pour son propre plaisir.

La situation examinée sous cet angle paraît évidente. Peu importe votre situation sociale, vous n'êtes qu'un seul tandis que les autres sont très nombreux. Vous avez le droit d'être heureux, mais la différence tient à ce que vous êtes un seul être humain tandis que les autres sont innombrables. Si vous pensez juste, le bien des autres est ainsi beaucoup plus important que le vôtre. Risquer le bonheur d'un seul n'est pas grave, mais nuire au bonheur d'un très grand nombre serait redoutable. Dans cette perspective, cultivez la compassion, l'amour et le respect des autres.

En un sens, l'ensemble des êtres humains fait partie d'une même famille. Nous avons besoin de saisir l'unité de l'humanité et de faire preuve d'intérêt pour chacun – pas seulement pour *ma* famille, *mon* pays ou *mon* continent. Il faut être sensible à chaque être humain et non seulement à ceux qui nous ressemblent. Les différences de religion, d'idéologie, de race, de système économique, de système social et de gouvernement sont toutes d'intérêt secondaire.

Les autres devraient passer en premier et vous ensuite. Même d'un point de vue égoïste, puisque vous désirez le bonheur et rejetez le malheur, si vous témoignez aux autres de la bonté, de l'amour et du respect, les autres feront preuve des mêmes sentiments à votre égard, ce qui vous rendra heureux. Si vous manifestez aux autres de la colère et de la haine, ils vous le rendront et vous perdrez votre sérénité. C'est pourquoi si vous êtes égoïste, soyez-le d'une façon *intelligente* ! L'égoïste à l'esprit étroit pense d'abord à lui-même. Si votre égoïsme se manifeste avec intelligence, vous ferez attention aux autres, en traitant de la même manière ceux qui vous sont proches. A la longue, cela vous apportera plus de satisfaction, plus de bonheur. Même d'un point de vue personnel, servir les autres, les aider, les respecter, restreindre son ego, susciteront de meilleurs résultats.

Si vous vous souciez des autres, votre propre bien-être s'épanouira automatiquement. Examinez les non-vertus physiques et verbales qui sont à l'origine d'une naissance dans des conditions défavorisées. Celui qui a un horizon étroit évite de tuer, par exemple, afin de ne pas accumuler un mauvais karma déjà implanté dans son esprit à lui ou à elle. Celui qui dispose d'une perspective plus étendue évite de tuer en se disant que cela l'empêcherait de renaître dans une vie meilleure où il poursuivrait une pratique qui lui permettrait, à la longue, de quitter le cycle de l'existence. Les personnes altruistes considèrent cependant la vie des autres tout aussi valable que la leur et ne sauraient en aucun cas commettre un meurtre. Ce souci des autres crée une grande différence quant à la nature des motifs qui empêchent de commettre un assassinat. Ceux qui demeurent centrés sur eux-mêmes peuvent penser que, même s'ils se livrent à un acte abominable, ils peuvent s'en confesser et tenter d'améliorer ainsi leur karma. Tandis que ceux qui mesurent à sa juste valeur la vie d'un autre tiennent compte de son éventuelle souffrance et savent que cela n'aiderait en rien cette personne que de confesser son meurtre. Il en va de même pour le vol, l'adultère, le mensonge, la calomnie, l'insulte et même, je pense, les bavardages inutiles.

Une autre raison pour laquelle le souci de l'autre a une telle valeur tient à ce que cela met notre propre situation en perspective. A un moment donné, j'ai été profondément attristé par les événements du Tibet mais je me suis alors souvenu que j'avais prononcé les vœux des Bodhisattvas et que je méditais tous les jours sur la prière de Shantideva :

*Aussi longtemps que dure l'espace*
*Aussi longtemps que demeurent les êtres sensibles,*
*Que moi aussi je demeure*
*Et chasse la misère du monde.*

Dès que je m'en souvenais, le poids de mon fardeau disparaissait comme autant d'armures qui m'auraient été enlevées.

Un engagement altruiste élimine les principales causes de découragement en les situant dans une perspective plus vaste. Ces causes ne doivent pas vous démoraliser. La plupart de nos soucis, de nos difficultés et de la tristesse de cette vie sont liés à l'amour de soi. Comme je l'ai dit plus haut, être égoïste avec intelligence n'est pas négatif mais l'égoïsme à courte vue qui ne tient compte que de sa satisfaction immédiate est contre-productif. Une perspective étroite rend insupportable même un petit problème. Être concerné par tous les êtres sensibles élargit votre point de vue et vous rend plus proche de la réalité. De cette manière, une attitude altruiste permet de réduire sur-le-champ votre propre souffrance.

Ma prière la plus fervente vous invite à pratiquer l'amour et la bonté, que vous apparteniez à une religion ou non. Ainsi parviendrez-vous à prendre conscience de la valeur de la compassion et de la bonté, ce qui vous vaudra la paix de l'esprit. Après tout, même si le sort des autres ne vous intéresse pas, vous accordez beaucoup d'importance à votre personne – ce qui est sûr –, donc vous devez souhaiter parvenir grâce à la paix de l'esprit à une existence quotidienne plus heureuse. Si vous vous entraînez à plus de bonté et de tolérance, vous trouverez un surcroît de paix.

Aucun besoin de changer de mobilier ou de déménager. Votre voisin peut être bruyant ou insupportable mais, tant que votre esprit demeurera paisible et calme, vos voisins ne vous causeront pas grand souci. Mais si vous êtes d'humeur irritable en général, même lorsque vos meilleurs amis vous rendent visite, vous ne pouvez être réellement heureux. Si vous demeurez calme, même votre pire ennemi ne parviendra pas à vous troubler.

C'est la raison pour laquelle j'affirme que, si vous êtes vraiment égoïste, autant l'être avec intelligence. De cette manière, vous pouvez parvenir à votre objectif égoïste d'être heureux. Ce qui vaut beaucoup mieux que d'être centré sur son ego ou stupidement égoïste, ce qui ne mène à rien.

### *Visualisation*

La technique de visualisation suivante rend énormément service si on la pratique quotidiennement.

1. Demeurez calme et raisonnable.

2. Devant vous, à droite, imaginez une autre version de vous-même avec une énorme masse d'égoïsme centrée sur soi-même, le genre de personne capable de n'importe quoi pour satisfaire un désir.

3. Devant vous, à gauche, imaginez un groupe de pauvres malheureux qui n'ont rien à voir avec vous, dont certains sont sans ressources, dans le besoin et souffrants.

4. Demeurez calme et impartial tout en observant les deux côtés. Dites-vous maintenant : « Les deux veulent le bonheur. Les deux veulent se débarrasser de leur souffrance. Les deux ont le droit d'atteindre ce but. »

5. Pensez à ceci : nous travaillons souvent dur et pendant longtemps pour obtenir un salaire plus élevé ou

nous dépensons pas mal d'argent afin d'en gagner davantage. Nous sommes disposés à des sacrifices temporaires pour en obtenir plus sur le long terme. Selon la même logique, il serait raisonnable pour une personne seule de faire des sacrifices pour le bien de l'intérêt commun. Naturellement, votre esprit penchera en faveur du plus grand nombre de gens malheureux. En tant qu'observateur impartial, considérez votre propre moi égoïste, là à votre droite, indifférent au sort de la majorité, quel que soit le degré de sa souffrance. Il n'est pas bien de se comporter ainsi. Quoique les deux parties que vous examinez aient un droit égal au bonheur, on ne peut éviter le besoin accablant du plus grand nombre. Le fait est que vous devez vous impliquer vous-même au service des autres.

Il est indéniable que cet état d'esprit est difficile à acquérir mais à force de le tenter avec une grande détermination, alors, année après année, votre esprit se modifiera et s'améliorera. Au cours des années soixante, j'ai dispensé un enseignement sur *Les Stades de la Voie vers l'Illumination*, de Tsongkhapa, au cours duquel j'ai dit que, si j'atteignais le premier niveau de la cessation des émotions douloureuses, je prendrais un long repos. Je le pensais vraiment. Même si j'admirais l'altruisme, je pensais qu'il devait être trop difficile à développer. Puis, vers 1967, j'ai reçu un enseignement du Kagyu Lama Kunu Tenzin Gyeltsen sur Shantideva. J'ai commencé alors à réfléchir davantage sur sa signification, en même temps que sur *La Précieuse Guirlande* de Nagarjuna. J'ai acquis un peu plus de confiance, me disant qu'avec le temps je parviendrais à atteindre ce niveau élevé de compassion. Maintenant, depuis 1970 environ, chaque matin, quand je médite sur l'altruisme, je pleure. C'est ainsi que surviennent les transformations. Je ne prétends pas avoir atteint un degré élevé de compassion mais j'ai la certitude de pouvoir y parvenir.

Même si votre expérience de l'altruisme est faible, elle vous donnera, en tout état de cause, un certain niveau de paix mentale. Accroître votre intérêt pour les autres vous obtiendra le vaste pouvoir de transformer votre esprit. Si vous pratiquez la compassion pour tous les êtres vivants – y compris les animaux –, un mérite sans limites vous reviendra alors.

## PRENDRE CONSCIENCE DE NOTRE RESPONSABILITÉ

Même si vous ne pouvez pour l'instant vous intéresser aux autres plus qu'à vous-même, au moins pouvez-vous commencer à percevoir qu'il n'est pas bien de ne pas tenir compte des autres. Nous avons un corps humain et le pouvoir du discernement humain, mais, si nous ne les utilisons que pour des objectifs strictement personnels et non pour rendre service aux autres, nous ne valons pas mieux que les animaux. Les fourmis, pour ne citer qu'un exemple, travaillent d'une manière désintéressée pour la communauté. Nous sommes supposés appartenir à l'élite des êtres vivants, aussi devons-nous nous comporter selon nos facultés les plus élevées.

Si l'on considère l'histoire du monde, la plupart des grandes tragédies qui ont entraîné de terribles pertes humaines sont le fait des hommes. L'homme est responsable du désordre. Aujourd'hui, des millions de gens vivent sous l'angoisse constante de conflits raciaux, ethniques ou économiques. Qui est responsable de cette angoisse ? Certainement pas les animaux. La guerre entraîne la mort de bien des animaux mais cela nous est égal : nous ne nous intéressons qu'à nous-mêmes. La paix est souvent évoquée mais il faut aller au-delà des vœux pieux. Quelle est notre valeur humaine si nous ne faisons preuve d'aucune compassion, d'aucun souci des autres, nous contentant de tuer et de manger des animaux, de combattre et de tuer des milliers de gens ? Notre responsabilité consiste à mettre fin à ce désordre.

De nos jours, l'un des meilleurs moyens de communication est la télévision. Ceux qui travaillent à la télévision et qui partagent une noble idée humanitaire pourraient y contribuer. Si les histoires de sexe et de meurtres procurent un divertissement excitant, elles peuvent marquer profondément les esprits. Nous n'avons pas besoin tout le temps de distractions de ce genre. Mais cela ne me regarde sans doute pas !

Nous devons élever les jeunes enfants et leur inculquer la pratique de la compassion. Les professeurs et les parents doivent former les enfants en leur enseignant les vraies valeurs du cœur humain qui sont à l'origine de prodigieux bienfaits. J'ai appris dans un journal qu'un fabricant de jouets qui vend des fusils à l'usage des enfants a décidé de son plein gré de mettre fin à sa production de jouets agressifs pour Noël. Quelle merveilleuse idée ! Quel souci du bien des autres !

### Prendre la résolution de parvenir à l'illumination

Lorsque vous avez pris la ferme résolution de faire votre possible pour éliminer la souffrance comme les causes qui en sont à la racine, et d'aider tous les êtres à parvenir au bonheur comme d'en faciliter les causes, réfléchissez à la manière dont ce programme pourrait être accompli. Cela ne peut se produire que si les autres en comprennent le mécanisme avant d'en venir à le mettre en pratique. Par conséquent, votre engagement à participer au bien-être des autres s'exprimera mieux en leur enseignant comment pratiquer, quelles sont les habitudes dont il faut se débarrasser afin qu'ils parviennent eux-mêmes à prendre les moyens d'atteindre le bonheur en évitant la souffrance. Il n'existe pas d'autre voie. Pour y parvenir, il vous faudra connaître leurs dispositions intérieures, leurs intérêts comme ce qu'il convient de leur enseigner.

Ainsi devez-vous être bien préparés pour aider les autres. En quoi consiste la préparation ? Il vous faut d'abord éliminer les obstacles de votre esprit en étudiant tout ce qui doit être appris. Ce que souhaitent les adeptes de la compassion que l'on nomme les Bodhisattvas ne consiste pas seulement à surmonter les difficultés qui entraveraient leur propre libération, mais à dégager la voie qui mène à l'illumination, de manière à pouvoir saisir les dispositions des gens afin de discerner les techniques susceptibles de les aider. S'il s'agissait simplement d'un choix, les Bodhisattvas souhaiteraient plus volontiers éliminer d'abord les obstacles qui empêchent d'atteindre l'Éveil. Mais les aspects négatifs de l'esprit (qui nous bloquent dans une existence cyclique) suscitent des obstructions à l'Éveil qui sont des prédispositions de l'esprit à faire *apparaître* des phénomènes, comme s'ils avaient une existence inhérente. Si l'on ne parvient pas à surmonter la principale émotion négative – l'ignorance qui *croit* à l'existence inhérente –, il sera impossible d'éradiquer les prédispositions que sème l'ignorance dans l'esprit. Grâce à la purification de ces afflictions négatives et des tendances qu'elles ont établies en nous, on peut parvenir à transformer sa propre conscience en conscience lumineuse du Bouddha, l'illumination totale.

En résumé, afin de parvenir au bien-être final et absolu d'autres êtres sensibles – ce qui est votre intention –, il est nécessaire que vous atteigniez vous-même l'illumination. La ferme détermination d'atteindre à l'illumination pour servir les autres s'appelle l'émanation de l'esprit altruiste, ou *bodhichitta*.

En suivant l'exemple de Shantideva : vous mettre sur le même plan que les autres pour vous efforcer d'atteindre le bonheur, et faire glisser l'intensité de vos objectifs sur ceux infinis des autres, il vous sera possible de faire pénétrer en vous le pouvoir du *bodhichitta*, celui de l'esprit altruiste.

On utilise trois analogies pour caractériser les trois formes que revêt une telle attitude altruiste. La première ressemble à celle d'un monarque en ce sens que le pratiquant désire d'abord l'état le plus efficace, la bouddhéité, pour aider les autres êtres sensibles. On dit que la deuxième ressemble à un batelier parce que le pratiquant veut atteindre l'autre rive de l'illumination en même temps que les autres êtres sensibles. On compare la troisième à un berger car le pratiquant désire que les êtres sensibles atteignent en premier la bouddhéité, qu'ils arrivent à bon port avant sa propre illumination.

Les deux dernières analogies indiquent le genre d'attitude altruiste de ces pratiquants. En réalité, il est impossible que tout le monde atteigne l'illumination en même temps ou avant nous. Ainsi que le dit Sakya Pandita dans sa *Différenciation des Trois Vœux*, les Bodhisattvas ont deux sortes de prières ou souhaits, ceux qui peuvent être accomplis et ceux qui ne le peuvent pas. Dans le *Guide sur la voie des Bodhisattvas*, Shantideva remarque que de nombreux souhaits ne peuvent pas être réalisés. Ils servent à développer une volonté forte et la ténacité. De même, renoncer à votre propre bonheur et assumer les souffrances des autres est impossible, sauf dans le cas de souffrances mineures. Cette pratique, quoique peu réaliste, a été conçue pour développer le courage de la compassion. L'analogie entre le batelier et le berger indique à quel degré les Bodhisattvas souhaitent aider les autres.

Je vais donner un exemple de ce dévouement qui rejoint le niveau d'une expérience profonde.

Il s'agit d'un disciple du monastère de Drashikill, dans la province nord-est du Tibet, l'Amdo. En 1950, lorsque les communistes chinois ont envahi la région et arrêté un millier de moines sur les trois mille que comptait le monastère, une centaine d'entre eux furent envoyés à la mort. Il en faisait partie. Conduit au lieu de l'exécution et sur le point d'être fusillé, il fit la prière suivante :

*Puissent toutes les mauvaises actions, la violence et la souffrance des êtres vivants*
*Se transférer sur moi, sans exception, à l'instant présent,*
*Et que mon bonheur et mes mérites s'appliquent aux autres,*
*Puissent toutes les créatures être imprégnées de bonheur !*

Quelques instants avant d'être exécuté, il a eu la présence d'esprit spirituelle de se souvenir de la pratique qui consiste à se charger de la souffrance des autres tout en leur faisant cadeau de son propre bonheur ! Il est facile de pratiquer cet exercice quand tout va bien mais lui a été capable de l'utiliser à l'heure la plus cruelle. Exemple significatif d'un réflexe spirituel acquis par une longue pratique.

Comme le précise le *Guide sur la Voie des Bodhisattvas*, si un aveugle découvre un joyau dans un monceau d'ordures, il l'appréciera d'autant plus. Si parmi les détritus de la luxure, de la haine et de l'ignorance – sentiments qui frappent nos esprits comme notre monde – nous parvenons à faire jaillir de la compassion, il faut l'apprécier comme un joyau. Cette précieuse découverte peut nous procurer autant de bonheur que de paix profonde. D'autres solutions, par exemple prendre des vacances ou de la drogue, n'apportent qu'un soulagement temporaire. L'habitude de penser d'abord aux autres et de parvenir à les aimer plus que soi-même, vous aide davantage. La compassion ne blesse personne, que ce soit à titre temporaire ou sur le long terme. Elle est un joyau sans prix.

Prendre toujours soin des autres. Si vous ne pouvez les aider, au moins ne leur faites pas de mal. Tel est l'enseignement essentiel de la pratique de l'éthique.

### Sommaire pour une pratique quotidienne

1. Demeurez calme et raisonnable.

2. Devant vous, à droite, imaginez une autre version de vous-même, égoïste et centrée sur soi.

3. Devant vous, à gauche, imaginez un groupe de pauvres malheureux, des êtres qui souffrent et qui ne vous sont rien, ni amis ni ennemis.

4. Observez les deux de votre poste d'observation privilégié.

5. Prenez en considération ceci : en général, nous

acceptons des sacrifices temporaires pour un profit à long terme. En fonction de quoi l'avantage du plus grand nombre d'êtres souffrants à votre gauche est plus important que celui de la seule personne égocentrique sur votre droite. Remarquez que votre esprit se tourne naturellement vers le plus grand nombre.

# 6

# L'aspiration à l'illumination

## Pourquoi tendre vers l'illumination ?

La compassion est la clé qui permet d'atteindre un profond niveau d'éthique. Comment pourrions-nous aider les autres si nous sommes la proie de pulsions négatives ? Si nous ne nous trouvons pas dans une meilleure position, il serait difficile d'aider les autres. Par exemple, si vous devez rendre service aux illettrés, vous avez intérêt à avoir reçu une certaine éducation. De même, pour aider tant d'êtres sensibles, nous devons parvenir à la bouddhéité puisqu'un Bouddha possède les qualités nécessaires pour leur rendre service – la connaissance de toutes les techniques du développement spirituel comme la perception de leurs émotions, de leurs intérêts, de leurs dispositions, etc. Lorsque, grâce à la pratique de la compassion, vous êtes incité à vous préoccuper des autres, il est temps d'implanter en vous de nouvelles valeurs. Il faut préparer le terrain de notre esprit à ces nouvelles valeurs en s'engageant à pratiquer le rituel de l'aspiration à l'illumination.

Vous avez déjà acquis les qualités fondamentales qui

sont nécessaires pour atteindre l'illumination totale – la connaissance lumineuse de la nature de votre esprit. Par conséquent, concentrez-vous sur cette pensée : « Je vais atteindre l'illumination parfaite et jamais surpassée pour le bien des êtres sensibles à travers un espace sans limites. » Nourrissez cette intention jusqu'à ce qu'elle prenne de la puissance. Le rituel d'aspiration à l'illumination altruiste est très utile.

### Sept pratiques méritoires

Ce rituel, qui doit faire partie de votre méditation quotidienne, débute par sept étapes suivies par une offrande spéciale. Ces pratiques augmentent vos mérites qui, en retour, vous permettront de vous transformer avec plus de certitude. Grâce à ces formes de dévotion, vous développerez votre sens de la compassion. Comme vous le verrez ci-dessous, ces sept pratiques incluent une dévotion particulière envers ceux qui enseignent la compassion.

1. *L'hommage.* Imaginez le Bouddha Shakyamuni entouré par d'innombrables Bodhisattvas que vous imaginez remplir l'espace devant vous. C'est l'hommage du corps, de la parole et de l'esprit. Rassemblez vos deux paumes et sentez intensément que vous cherchez respectueusement refuge auprès des Bouddhas et des Bodhisattvas. Dites à haute voix : « Hommage au Bouddha Shakyamuni et aux Bodhisattvas. »

2. *L'offrande*. Répandez vos offrandes, telles que des fruits ou de l'encens. Imaginez les choses qu'il convient de donner – que vous les possédiez ou non – ainsi que le don de votre corps, de vos ressources et de votre propre vertu et que vous offriez cela entièrement aux Bouddhas et aux Bodhisattvas.

3. *Révéler ses mauvaises actions*. Nous avons tous commis de nombreuses mauvaises actions avec notre corps, nos paroles et notre esprit particulièrement motivés par l'intention de faire du mal aux autres. Ainsi, en pensant que vous révélez toutes ces mauvaises actions, vous regrettez de les avoir commises comme si vous aviez absorbé du poison. Ainsi, cultivez l'intention de vous abstenir de ces actions à l'avenir, même au dépens de votre vie. Pensez : « Du fond de mon cœur je révèle aux Bouddhas et aux Bodhisattvas les mauvaises actions que j'ai commises. » La meilleure manière de se purifier de ses mauvaises actions est le regret de les avoir commises. Plus vous les regretterez, moins ces mauvaises intentions se renouvelleront dans l'avenir.

4. *L'admiration*. Du plus profond de votre cœur, admirez vos propres actions vertueuses comme celles des autres. Réjouissez-vous du bien que vous avez pratiqué en cette vie. Concentrez-vous sur les bonnes actions particulières que vous avez accomplies surtout en pratiquant la charité. Le fait que vous disposiez d'un corps humain en cette vie et la chance que vous avez de pratiquer l'altruisme tiennent à vos actions vertueuses au cours de vos existences passées.

Réjouissez-vous en pensant : « J'ai réellement fait

quelque chose de bien. » Prenez plaisir aux vertus des autres qui n'apparaissent pas aussi clairement que dans les innombrables vertus des Bouddhas et des Bodhisattvas au cours d'un temps illimité. En vous réjouissant de vos propres vertus comme de celles des autres, vous ne regretterez pas d'avoir fait le bien (par exemple, vous ne vous désolerez pas d'avoir donné aux pauvres, même si votre compte en banque est au rouge). Vous éviterez ainsi d'être jaloux des bonnes actions des autres comme d'entrer en compétition avec eux.

5. *L'imploration.* Demandez aux Bouddhas qui ont atteint l'éveil total, mais qui ne sont pas encore impliqués dans l'enseignement de la doctrine spirituelle, de s'y résoudre en faveur de tous ceux qui souffrent.

6. *La supplication.* Priez les Bouddhas de ne pas disparaître. Il s'agit d'une requête spécifique à l'intention des Bouddhas qui se sont livrés à l'enseignement et qui s'apprêtent à disparaître.

7. *La consécration.* Plutôt que d'orienter votre pratique des étapes précédentes vers un bonheur temporaire et un bien-être en cette vie comme en la suivante, ou de vous libérer simplement des cycles de l'existence, essayez de les tourner vers l'illumination totale. Pensez : « Puissent ces actes m'aider à atteindre l'illumination parfaite et totale pour le bien de tous les êtres sensibles. »

Imaginez ensuite que le monde entier a été purifié et offert avec ses merveilles aux Bouddhas et aux Bodhisattvas. Cette offrande particulière fortifie la compassion par le fait d'offrir tout ce qui est désirable à ceux qui l'enseignent.

### La responsabilité d'aider les autres

Vous êtes prêts maintenant à suivre le rituel de l'aspiration à l'illumination pour le bien des autres. Il s'applique en deux parties. La première consiste à réciter une courte stance sur le refuge : « Jusqu'à ce que j'atteigne l'illumination, je cherche refuge auprès du Bouddha, la doctrine et la communauté spirituelle suprême. » Sous sa forme la plus apte à la compassion, le principe du refuge correspond à l'union de trois attitudes :

1. Prenez conscience de la souffrance de tous les êtres vivants et non seulement de la vôtre. La souffrance n'apporte pas un soulagement personnel. Il faut tendre vers l'illumination altruiste dans la bouddhéité.

2. Ayez foi dans le Bouddha, dans les étapes de la réalisation spirituelle comme en la communauté spirituelle et gardez la conviction que l'ensemble des êtres vivants parviendra à se libérer de toute souffrance.

3. La compassion implique non seulement que vous soyez incapable de supporter l'esclavage des autres dans la souffrance mais aussi que vous cherchiez à y remédier.

Apprenez que le Bouddha est le maître du refuge et que les voies véritables représentent le refuge actuel. Les Bodhisattvas qui sont directement parvenus à la véritable nature des phénomènes appartiennent à notre communauté spirituelle et ont la capacité de conduire tous les êtres sensibles vers le refuge.

Grâce à cette connaissance, aspirez à la plus haute illumination en récitant : « Grâce à l'ensemble des mérites qui m'ont permis d'acquérir l'éthique, la patience, l'effort, la concentration et la sagesse, puissé-je atteindre la bouddhéité afin d'aider tous les êtres. » Durant cette récitation, méditez en vous-même : « Grâce à cette prière, je souhaite parvenir à la bouddhéité non pour mon propre compte mais pour me mettre au service de tous les êtres sensibles afin de les aider à parvenir à la bouddhéité. » Cela s'appelle faire naître une intention de compassion afin d'atteindre l'illumination sous forme d'un vœu.

Cela nous mène à la partie centrale du rituel. Tout en émettant fortement le vœu d'atteindre la bouddhéité afin de rendre service aux autres, imaginez que vous trouviez en face de vous un Bouddha ou votre propre maître en tant que son représentant.

1. Récitez les stances suivantes comme si vous les répétiez après le Bouddha : « Jusqu'à ce que je parvienne à l'illumination, je cherche refuge auprès du Bouddha, de la doctrine et de la communauté spirituelle suprême.

« Grâce à l'ensemble des mérites qui m'ont permis d'acquérir l'éthique, la patience, l'effort, la concentration et la sagesse, puissé-je atteindre la bouddhéité afin d'aider tous les êtres. »

En prononçant ces paroles, vous orientez vos actes vertueux non vers un but médiocre en cette vie ou en la suivante, mais vers le plus grand de tous les buts : l'obtention de la libération totale de tous les êtres. Renforcez cette attitude avec détermination.

2. Essayez de rendre cette seconde répétition encore plus forte en prenant la résolution de faire de ce but altruiste une constante de votre vie de tous les jours.

« Jusqu'à ce que je parvienne à l'illumination, je cherche refuge auprès du Bouddha, de la doctrine et de la communauté spirituelle suprême.

« Grâce à l'ensemble des mérites qui m'ont permis d'acquérir l'éthique, la patience, l'effort, la concentration et la sagesse, puissé-je atteindre la bouddhéité afin d'aider tous les êtres. »

3. Recommencez une troisième fois avec encore plus de fermeté, du plus profond de votre cœur. Prenez une décision durable, totalement raisonnée, intangible quelles que soient les circonstances, à savoir que le bien-être des autres a plus de sens que le vôtre. Pensez : « Maintenant que je dispose d'une telle opportunité, qu'y a-t-il de plus important que faire mon possible pour aider les autres ? A partir de maintenant et jusqu'à la pleine extension de mes capacités, je vais cesser de me concentrer sur mon propre bien-être et je vais m'engager à fond pour la transformation de tous les êtres. Afin d'y parvenir, je vais atteindre l'illumination parfaite et insurpassée. » Récitez :

« Jusqu'à ce que je parvienne à l'illumination, je

cherche refuge auprès du Bouddha, de la doctrine et de la communauté spirituelle suprême.

« Grâce à l'ensemble des mérites qui m'ont permis d'acquérir l'éthique, la patience, l'effort, la concentration et la sagesse, puissé-je atteindre la bouddhéité afin d'aider tous les êtres. »

Ainsi se termine le rituel. Grâce à lui, vous sèmerez et vous verrez croître les graines d'une compassion aussi puissante qu'inébranlable.

## Maintenir son engagement en cette vie

Il existe quatre pratiques qui permettent à l'altruisme de ne pas s'altérer au cours de cette vie.

1. D'abord, développez votre enthousiasme à l'idée d'atteindre l'illumination pour le bien des autres en vous persuadant encore et toujours du bénéfice d'agir ainsi.

2. Puis accentuez votre souci des autres en divisant le jour et la nuit en trois périodes chacunes. Durant ces périodes, arrangez-vous pour prendre un peu de temps sur votre journée ou levez-vous durant la nuit pour mettre en pratique les cinq étapes de la visualisation même pour seulement cinq minutes. Cette pratique est très efficace si elle devient une habitude régulière comme de se mettre à table à heure fixe. S'il vous est impossible d'y parvenir souvent, essayez de visualiser ces étapes à trois reprises durant la session de la matinée, ce qui durera environ quinze minutes. Essayez de

faire de même la nuit. Réfléchissez sur le sens de votre objectif : « Puissé-je atteindre la plus haute illumination pour les autres ! »

3. La pratique suivante réclame de la vigilance : en cherchant à obtenir la plus haute illumination pour le bien de *tous* les êtres, vérifiez si vous n'avez pas mentalement négligé le bien-être d'un seul d'entre eux.

4. Essayez d'additionner les deux forces du mérite et de la sagesse autant que possible. Pour accroître vos mérites, engagez-vous volontairement dans des actions vertueuses telles que la générosité et l'éthique. Pour acquérir davantage de sagesse, il faut prendre conscience de la véritable manière dont ce phénomène existe. Comme il s'agit d'un sujet de discussion complexe, nous l'étudierons au cours des chapitres 8 à 10. Pour l'instant, il suffit de dire qu'il est utile de savoir comment ce phénomène se produit et demeure, selon ses causes et ses conditions.

## Maintenir son engagement au cours des vies futures

Au cours des vies futures, votre intention d'atteindre l'illumination pour exercer la compassion pourrait s'affaiblir. Vous pouvez y échapper en abandonnant quatre activités pernicieuses détaillées ci-dessous et en vous entraînant à exercer les quatre pratiques positives qui suivent.

*Quatre activités pernicieuses*

1. Tromper une personne de haut niveau, par exemple un abbé, un maître de l'ordination, un lama ou un autre disciple au sujet des mauvaises actions que vous auriez commises.

2. Inciter ceux qui se sont engagés sur le chemin de la vertu à regretter ce qu'ils font.

3. Critiquer ou déprécier ceux qui expriment de la compassion envers les autres.

4. Tromper ou déformer les faits afin d'obtenir l'aide des autres.

*Quatre pratiques positives*

1. Ne mentez jamais. Il existe des exceptions lorsque d'un mensonge résulte un grand bienfait pour les autres mais elles sont rares.

2. Aidez les autres à se diriger vers l'illumination altruiste de la bouddhéité, directement ou indirectement.

3. Ayez de la considération et traitez les Bodhisattvas avec le même respect que le Bouddha. Puisque nous ignorons qui est et qui n'est pas un Bodhisattva, il faut traiter tous les êtres avec respect. En règle générale, mettez les autres au-dessus de vous.

4. Ne trichez pas et, en tout état de cause, restez honnête.

Si vous avez pris la résolution de suivre ces pratiques

afin d'accroître votre détermination de parvenir à la bouddhéité pour les autres, faites alors cette *promesse* : « Je maintiendrai ma détermination et n'y renoncerai jamais. » Ceux qui sont incapables de conserver l'entraînement à ce niveau peuvent renoncer à cette promesse et se dire autrement : « Puissé-je atteindre la plus haute illumination pour le bien de tous les êtres ! » Ceux qui ne sont pas bouddhistes, les chrétiens, les juifs, les musulmans, etc., peuvent adopter une autre attitude de même valeur en pensant : « Je vais m'employer à aider et à rendre heureux tous les êtres. »

### Intention pratique pour atteindre l'illumination

Lorsque votre désir d'atteindre l'illumination est sérieux, vous devriez le traduire en actions. On les nomme les « actions des Bodhisattvas ». Les principales sont les six perfections.

1. *Donner* inclut : 1° donner des biens matériels tels que de l'argent, des vêtements et de la nourriture ; 2° donner de l'amour ; 3° donner l'enseignement de doctrines et de pratiques spirituelles ; 4° rectifier des situations dramatiques pour tous les êtres, y compris les animaux, même en permettant à une fourmi de sortir d'une flaque.

2. *L'éthique* qui prend modèle sur le comportement altruiste et la conduite des Bodhisattvas.

3. *La patience* qui résout des situations tendues ou qui permet de surmonter des situations difficiles telles que de suivre l'enseignement ou de pratiquer durant une longue période.

4. *L'effort* qui garde l'enthousiasme pour pratiquer le bien et qui vient en aide aux autres perfections.

5. *La concentration*, condition de la pratique d'une méditation stable et intense qui sera détaillée au chapitre suivant.

6. *La sagesse*, indispensable pour comprendre la nature des cycles de l'existence et de l'impermanence, comme de la vacuité.

Les six perfections, en retour, peuvent être condensées dans les trois entraînements des Bodhisattvas – l'entraînement vers la perfection de l'éthique (qui inclut les perfections du don et de la patience), l'entraînement vers la perfection de la concentration et l'entraînement vers la perfection de la sagesse. La perfection de l'effort s'applique à ces trois entraînements. C'est la raison pour laquelle les six perfections sont incluses dans les trois données de la pratique de l'éthique, de la méditation concentrée et de la sagesse qui constituent le point central de ce livre.

Lorsque vous parvenez aux profondeurs de votre cœur et que vous vous engagez sur les pas des Bodhisattvas – soit les six perfections ou, vu d'une autre manière, la pratique des trois données –, vient le moment approprié pour prononcer les vœux des Bodhisattvas, quant à l'intention *pratique* d'atteindre l'illumination.

Selon l'essence, tous les êtres sont unis par le désir d'obtenir le bonheur et d'éviter la souffrance. Nous sommes identiques en ce sens qu'il est possible d'écarter la souffrance et d'atteindre le bonheur auquel nous avons tous le même droit. Quelle est alors la différence entre vous et tous les autres ? Vous êtes seul, donc minoritaire. Il est facile de constater que le nombre immense des êtres sensibles qui tendent vers le bonheur tout en espérant la fin de leurs épreuves est plus important qu'une seule personne. Il est par conséquent éminemment raisonnable, en ce qui vous concerne, de vous vouer au service des innombrables autres personnes, d'utiliser votre corps, votre parole et votre esprit à leur bien-être en abandonnant l'habitude de ne vous occuper que de vous-même.

## Sommaire pour une pratique quotidienne

Suivez d'abord les sept étapes préliminaires :

1. *Rendez hommage* au Bouddha Shakyamuni, environné par d'innombrables Bodhisattvas que vous imaginez peupler le ciel sous vos yeux.
2. *Offrez* des merveilles – qu'elles vous appartiennent ou non – y compris votre corps, vos ressources et vos qualités personnelles au Bouddha et aux Bodhisattvas.
3. *Révélez* les nombreuses mauvaises actions que vous avez faites physiquement, en paroles et en esprit, avec

l'intention de blesser les autres. Exprimez le regret de les avoir accomplies et prenez la résolution de vous en abstenir à l'avenir.

4. *Admirez* au plus profond de votre cœur vos qualités propres et celles des autres. Réjouissez-vous des bonnes actions que vous avez entreprises au cours de cette vie comme dans vos vies précédentes en vous disant : « J'ai fait quelque chose de bien. » Réjouissez-vous des qualités des autres, y compris celles des Bouddhas et des Bodhisattvas.

5. *Implorez* les Bouddhas qui ont atteint l'illumination totale mais qui n'ont pas encore commencé à enseigner ceux qui souffrent.

6. *Suppliez* les Bouddhas de ne pas disparaître.

7. *Consacrez* ces six pratiques pour atteindre la plus haute illumination.

Puis attaquez la partie centrale du rituel, l'aspiration à l'illumination.

1. Animé d'une puissante détermination pour atteindre la bouddhéité afin de servir les autres êtres, imaginez que Bouddha se tienne en face de vous, ou votre maître en tant que représentant du Bouddha.

2. Récitez à trois reprises comme si vous le répétiez à sa suite : « Jusqu'à ce que je parvienne à l'illumination, je cherche refuge auprès du Bouddha, de la doctrine et de la communauté spirituelle suprême.

« Grâce à l'ensemble des mérites qui m'ont permis d'acquérir l'éthique, la patience, l'effort, la concentration et la sagesse, puissé-je atteindre la bouddhéité afin d'aider tous les êtres. »

Pour maintenir et renforcer cet altruisme profond en cette vie, suivez ces prescriptions :

1. Rappelez-vous encore et toujours les bienfaits liés à l'intention d'atteindre l'illumination pour le compte des autres.

2. Divisez le jour en trois périodes et la nuit en trois périodes. Durant chacune de ces périodes, arrangez-vous pour prendre un peu de temps ou levez-vous pendant la nuit pour mettre en pratique les cinq étapes de la visualisation, données au dernier chapitre. Il est suffisant de visualiser les cinq étapes à trois reprises durant la session de la matinée, ce qui dure environ quinze minutes. Essayez de faire de même la nuit.

3. Evitez de négliger même mentalement le bien-être d'un seul être.

4. Autant que possible, engagez-vous dans une activité vertueuse avec un bon comportement et développez une compréhension approximative de la nature de la réalité. Tenez-vous à ce vœu et mettez-le en pratique.

Pour garder et consolider l'altruisme profond au cours des futures existences :

1. Ne mentez à personne, à moins que ce mensonge n'aide énormément les autres.

2. Aidez les gens, directement ou indirectement, à progresser sur la voie de l'illumination.

3. Traitez tous les êtres avec respect.

4. Ne trichez jamais et demeurez toujours honnêtes.

L'essence de cet enseignement recommande de penser encore et toujours : « Puissé-je devenir capable d'aider tous les êtres. »

III

# La pratique de la méditation concentrée

# 7

# Accommoder l'esprit

Prenons un instant pour passer en revue la manière de progresser au cours d'une vie qui ait un sens. En premier vient l'éthique, puis la méditation concentrée et enfin la sagesse. La sagesse repose sur la concentration mentale de la méditation et la méditation dépend de la conscience que l'on a de l'éthique. Durant les cinq chapitres précédents, nous avons étudié la pratique de l'éthique qui équilibre, rend plus paisible et prépare l'esprit à son avancement spirituel. Grâce à un comportement conscient, une méditation concentrée, on peut parvenir à ce que l'on appelle le calme intangible. Et pourtant, votre esprit est trop éparpillé pour une pratique de la méditation de plus en plus efficace qui requiert une concentration totale. Même un petit bruit ici ou là parvient à vous distraire. Puisqu'il est absolument nécessaire d'accommoder l'esprit de telle manière que la sagesse puisse s'imposer, j'étudierai au cours de ce chapitre la meilleure manière de développer un état de calme permanent grâce à une profonde concentration. Il me faut d'abord décrire brièvement les différentes variétés de méditation afin que vous puissiez comprendre la place que tient parmi elles le calme intangible.

## TYPES DE MÉDITATION

Il existe bien des manières de se livrer à la méditation. Les deux genres fondamentaux de la méditation sont la *méditation analytique* et la *méditation stabilisée.* Selon la méditation analytique, vous analysez un thème en essayant de le saisir par la voie du raisonnement. Par exemple, vous pouvez méditer sur la raison pour laquelle les éléments ne demeurent pas en permanence, en réfléchissant sur la façon dont les causes les produisent ou comment ils se désintègrent petit à petit. Selon la méditation stabilisée, vous ajustez votre esprit sur un objet ou sur un thème tel que l'impermanence, par exemple. (Le calme éternel s'acquiert grâce à la méditation stabilisée.)

Une autre manière de classer la méditation s'effectue entre la *méditation subjective* et la *méditation objective.* Au cours de la méditation subjective, votre but consiste à cultiver dans l'esprit une nouvelle orientation ou une perspective renforcée. (Cultiver la contemplation correspond à une méditation subjective parce que vous ne méditez pas *sur* la compassion mais que vous cherchez plutôt à rendre votre conscience plus proche des autres.) La méditation objective vous incite à méditer sur un thème tel que l'impermanence ou sur un objet tel que le corps doré d'un Bouddha.

Il vous est possible de *méditer sur la manière d'émettre un vœu.* Par exemple, vous pouvez souhaiter d'être débordant de compassion et de sagesse comme un Bouddha.

A moins que vous n'avanciez d'une étape dans la *méditation imaginative* par laquelle vous supposez qu'il existe des qualités que vous n'avez pas encore acquises. La pratique du yoga de la déité, par exemple, incite à méditer sur vous-même comme un être idéal dont le corps irradierait la lumière de la sagesse.

De ces formes variées de méditation, nous pouvons étudier la manière de pratiquer la méditation stabilisée du calme permanent. Comme on l'a dit plus haut, l'objectif de la méditation stabilisée consiste à renforcer l'aptitude de l'esprit à se focaliser sur un objet ou sur un thème qui, en retour, permet à l'esprit de triompher des problèmes à la racine. Cela vous donnera plus d'acuité et de vivacité dans votre vie quotidienne, augmentera la puissance de votre mémoire, ce qui sera utile au cours de votre vie.

## PARVENIR AU CALME INTANGIBLE

Puisque, selon ce type de méditation, vous cherchez à parvenir à une profonde concentration mentale, vous avez besoin de lire ce qui suit :

1. *La cause initiale*, l'éthique, vous procure un comportement paisible, détendu, consciencieux, qui débarrasse des distractions vulgaires.

2. *Un lieu et un moment pour la pratique* en dehors de la tension de la vie quotidienne. Choisissez un temps pour la méditation en faisant le programme de votre journée. Si vous vous livrez à une méditation focalisée, il est essentiel de se retirer seul dans un coin tranquille. Comme le bruit correspond à une épine qui empêche la concentration, il est très important, au début, de se trouver un emplacement à l'écart. Imaginez que vous faites retraite pendant vos vacances.

3. *Une diète* bien conçue favorise la clarté de l'esprit. Pour des raisons de santé, il peut être nécessaire de manger de la viande mais, en général, mieux vaut être végétarien. Selon l'éthique qui conduit à la libération individuelle, il n'y a aucune objection au fait de manger de la viande occasionnellement. Il est préférable cependant ne pas absorber une viande dont l'animal aurait été abattu pour vous. Vous ne devriez pas en réclamer si on ne vous en offre pas. En vérité, il serait bien préférable que l'humanité, dans sa majorité, devienne végétarienne. Certains écrits du Grand Véhicule interdisent de manger de la viande car le souci des autres constitue le cœur de l'éthique du Grand Véhicule.

Absorber trop de nourriture n'est pas bon. Mangez moins ! Il est naturellement hors de question de boire de l'alcool comme est prohibé l'usage de la drogue. Il est également déconseillé de fumer. Si un barbu s'avisait de fumer tout en entrant en méditation profonde, il risquerait de voir sa barbe prendre feu !

4. *Un sommeil* équilibré. Trop dormir rend apathique et pas assez peut être perturbateur. Il faut déterminer le temps de sommeil dont vous avez besoin.

5. *La position physique* est importante pour centrer la méditation, spécialement au début. S'il est possible, mettez-vous en position de lotus ou de demi-lotus. Servez-vous de deux coussins en plaçant un plus petit sous votre derrière pour qu'il soit plus élevé que vos genoux afin que, quel que soit le degré de profondeur de votre méditation, vous ne ressentiez aucune fatigue. Redressez votre colonne vertébrale comme une flèche, penchez la tête en l'abaissant juste un peu, ajustez votre regard au-dessus du nez, vers le front, collez votre langue contre votre palais, laissez vos lèvres et vos dents en place et relâchez légèrement vos bras sans les plaquer contre le corps. En ce qui concerne la position des mains, les pratiquants du Zen japonais mettent en général leur main gauche sur le haut de la droite qui a aussi la paume retournée. Les Tibétains placent leur main droite, paume retournée, sur le haut de la gauche qui a également la paume retournée. Dans la pratique du Tantra, il est important de mettre la main droite sur la gauche, les deux ayant les paumes retournées et les pouces pressés l'un contre l'autre en prenant la forme d'un triangle dont la base est constituée des quatre doigts à plat sous le nombril.

### *Le support de la méditation*

Il existe bien des supports possibles sur lesquels centrer la méditation stable afin de parvenir au calme intangible.

La respiration. Quelques textes évoquent le fait d'inhaler ou d'exhaler la respiration par le nez sans préciser le degré de l'inspiration. D'autres textes exposent la manière d'imaginer le jeu de la respiration lorsque le souffle traverse des parties spécifiques du corps. Au cours d'un mode d'exercice respiratoire, vous sortez l'air le plus profond ou les énergies et vous appuyez sur les énergies supérieures en les retenant, comme dans un vaisseau, juste en dessous du nombril.

Vous méditez sur votre corps, vos sentiments, votre esprit ou un phénomène tel que l'impermanence. Ces méditations sont appelées des instaurations grâce à l'attention. La première lettre de votre nom sur un disque de lumière, à l'intérieur ou à l'extérieur de votre corps.

En Thaïlande, des pratiquants peuvent méditer tout en concentrant leur attention sur leur activité. Tandis qu'ils marchent, par exemple, ils sont conscients de jeter le pied droit en avant, puis le gauche et encore le droit.

En général, un bon support de méditation pour un bouddhiste est la représentation du corps du Bouddha Shakyamuni. Pour un chrétien, ce pourrait être une image de Jésus. Contemplez-la jusqu'à ce qu'elle apparaisse dans votre esprit, même lorsque vous fermez les yeux. Méditez sur cette figure au niveau des yeux, ni trop haut, ni trop bas, à une distance d'environ un mètre cinquante. Au début, il est difficile d'obtenir que le support de votre méditation apparaisse clairement dans votre esprit. Pour éviter d'obscurcir votre perception, essayer d'établir d'intenses sessions de cinq minutes plutôt que de longues méditations. (Quatre à seize sessions de ces brèves méditations par jour serait l'idéal.) Lorsque l'image vous apparaît intérieurement, vous avez découvert votre support de méditation. Centrez maintenant sur lui votre esprit en permanence.

### *Pour contrebalancer excitation et laxisme*

Pour parvenir au calme intangible, stabilité et clarté sont nécessaires, avec le respect dû au support de la méditation. Ainsi, les principaux obstacles à une méditation soutenue sont l'excitation et le laxisme. L'excitation empêche la stabilité. Quand l'esprit ne demeure pas sur le support, il s'évade ou se laisse distraire. Le support de la méditation est alors perdu.

Il existe aussi une forme subtile d'excitation durant laquelle, même si le support n'est pas perdu, qui prouve qu'une parcelle de l'esprit songe à autre chose. Il faut identifier cette excitation. Grâce à la qualité de votre attention, ne laissez pas votre esprit tomber sous cette influence.

La léthargie, pesanteur de l'esprit et du corps, représente un obstacle à la clarté mentale. Cette léthargie engendre le laxisme qui brouille la clarté d'esprit. Lors d'un laxisme primaire, l'esprit s'effondre, le support de la méditation s'évanouit et se perd. Dans le cas du laxisme subtil, le support n'est pas perdu, mais la clarté du support et de l'esprit diminue un peu parce que l'intensité de l'esprit s'est affaiblie. L'esprit est trop relâché. Il demeure en toute clarté sur le support de la méditation mais sans véritable vigilance. Cet état est souvent confondu avec une méditation appropriée.

Lorsque votre esprit est trop intense et que vous traversez une phase d'excitation, il faut le détendre, comme si vous relâchiez un peu les cordes d'une guitare. De la même manière, si vous traversez une phase de laxisme, votre esprit ne fournit pas assez d'intensité. Vous avez donc besoin de l'accroître en le tendant davantage, ce qui revient à resserrer les cordes. Comme vous le constatez, l'esprit exige d'être accordé comme un bel instrument.

### *Attention et introspection*

La puissance qui permet de développer la méditation concentrée est la faculté d'attention, c'est-à-dire l'aptitude à demeurer devant un support sans s'autoriser la moindre distraction. On exerce son attention en ramenant l'esprit sur le support de la méditation chaque fois qu'il faiblit, ce qui risque de se produire encore et toujours. Lorsque vous avez acquis l'aptitude à maintenir votre attention sur un support, il devient nécessaire d'utiliser l'introspection. Comme le dit le *Guide de la voie des Bodhisattvas*, de Shantideva, la fonction dévolue à l'introspection consiste périodiquement à inspecter vos activités, qu'elles soient physiques ou mentales. Dans le processus du développement du calme intangible, la tâche de l'introspection est de déterminer si l'esprit fonctionne ou se trouve sur le point de fonctionner sous l'influence du laxisme ou de l'excitation. Au commencement, les phases de laxisme et d'excitation se multiplient mais, à force d'efforts, elles s'affaiblissent et deviennent moins fréquentes tandis que les périodes où l'esprit reste capable de se fixer sur le support se prolongent. Graduellement, même le laxisme subtil et l'excitation s'épuisent et disparaissent. À la longue, l'aptitude de l'esprit à demeurer centré sur le support, libéré des excès de l'excitation comme du laxisme, s'accroît.

Lorsque grâce à l'attention et à l'introspection vous êtes capable de maintenir une continuité d'attention sur le support, il devient possible de pratiquer la méditation concentrée dans les six mois. Initialement, il vous faut, par la force de la volonté et en y mettant une grande pression, centrer votre esprit sur le support de la méditation. Puis, de temps en temps, vous vous enclenchez sur le support sans grande pression. Enfin, vous vous livrez à cet exercice d'une manière détendue et continuelle. Finalement, vous demeurez spontanément fixé sur le support de votre méditation sans avoir besoin de faire le moindre effort pour enlever l'excitation ou le laxisme. Si vous êtes capable de visualiser continuellement et d'une manière éclatante votre support pendant quatre heures, vous aurez atteint une stabilité durable. Les états défavorables du corps et de l'esprit se sont envolés et vous avez atteint un stade béni de flexibilité physique et mentale. À ce point, vous êtes parvenu au calme intangible.

### *Les qualités du calme intangible*

Pour être doté d'un calme intangible, l'esprit doit avoir acquis la *stabilité* de demeurer solidement centré sur un support, mais cette seule faculté n'est pas suffisante. L'esprit doit également rester *clair*, ce qui n'est pas non plus suffisant. Sa clarté se doit d'être *intense*, *vigilante*, *aiguë*. L'esprit ne peut se permettre d'être même un peu terne.

Ces ajustements délicats pour permettre à l'esprit d'atteindre le calme intangible ne s'accomplissent pas facilement. A Dharamsala, en Inde, un Tibétain qui pratiquait la méditation concentrée m'a dit que, pour lui, cultiver la concentration sur un point donné était pire que d'être emprisonné dans les geôles chinoises ! Parce que c'est difficile, il est essentiel de s'y préparer avec soin, en avançant pas à pas. Ne vous surmenez pas, notamment au début, sinon vous courez le risque d'être déstabilisé ou de tomber en dépression. L'objectif est une pratique quotidienne où vous choisirez un support de méditation sur lequel vous vous concentrerez en essayant de parvenir à la stabilité et de vous y maintenir comme à la clarté et à l'intensité.

Le calme intangible peut aussi être atteint grâce à une méditation quotidienne sur l'esprit lui-même. Un des avantages d'observer son esprit tient à ce que cela renforce l'aptitude à atteindre l'esprit de la claire lumière à l'heure de votre mort. Il faut d'abord identifier la nature essentielle de l'esprit, faite de luminosité et de connaissance, sans la souillure de la pensée, et s'y concentrer. Tel est l'un des nombreux niveaux de l'absence de pensée. (Je décrirai la méditation sur la nature ultime de l'esprit au chapitre 10.)

Pour se préparer à se concentrer sur l'esprit lui-même, il n'est pas besoin de surmonter des obstacles d'ordre émotionnel en accumulant des mérites positifs tels que développer la compassion comme il a été évoqué précédemment. L'étape suivante consiste à se familiariser avec la nature de votre propre esprit. Le meilleur moment pour l'entreprendre a lieu au début de la matinée, juste après avoir ouvert les yeux mais avant que vos facultés sensorielles n'aient repris leur activité. Vos yeux ne sont pas encore ouverts. Regardez l'intérieur de votre conscience elle-même. C'est le bon moment pour expérimenter la nature de l'esprit, de claire lumière. Ne laissez pas votre esprit tourner autour de ce qui est survenu dans le passé. Empêchez-le de vagabonder sur ce qui pourrait arriver dans le futur. Laissez-le plutôt dans son éclat, sans structure, juste comme il est. Dans cet espace entre d'anciennes et de nouvelles idées, partez à la découverte de la nature originelle de votre esprit, simple, lumineuse, pleine de sagesse et libre de toute pensée. Si vous restez sur cette voie, vous comprendrez que l'esprit est un miroir qui ne reflète aucun objet, aucune conception, qu'il a une nature de pure luminosité, de sagesse, de pure expérience.

Lorsque vous aurez reconnu la luminosité et la sagesse qui participent à la véritable nature de l'esprit, ne le quittez pas. En vous servant de vos facultés d'attention et d'introspection, restez dans cet état. Si une pensée survient, considérez simplement sa vraie nature et le concept perdra son pouvoir et se dissoudra de lui-même. Parfois, avec une certaine pression, on parvient à empêcher la formation d'une pensée. Il est probable que, si vous êtes parvenu à prendre conscience de la nature fondamentale, sans recherche, de l'esprit libre, les pensées vont se dissoudre tandis qu'elles se forment et même si elles vous parviennent, elles n'auront aucun pouvoir. Il vous suffit de savoir que comme les vagues de l'océan sont de l'eau, les pensées sont issues de la nature lumineuse et sage de l'esprit. Et grâce à une pratique quotidienne continuelle, vos pensées vont s'affaiblir et disparaître sans aucune incitation. Cette pratique de la méditation aiguise votre esprit et renforce votre mémoire, qualités certainement utiles au-delà de la pratique spirituelle, qu'il s'agisse du domaine des affaires, de la recherche scientifique, d'élever une famille, d'enseigner, d'être un médecin ou un avocat. Cet exercice permet aussi de contrôler la colère. Lorsque vous vous sentez irrité, vous pouvez vous concentrer sur la nature de votre colère et en saper ainsi la force.

Un autre bienfait de cet entraînement mental se rattache aux liens qui existent entre le corps et l'esprit. Quand vous êtes jeune et plein d'entrain, votre esprit est puissant. Il est particulièrement valable d'entreprendre ces exercices car, à votre âge, votre esprit demeure frais et s'adapte d'une manière positive à l'évolution de votre corps. Après tout, le cerveau humain représente un capital spécial et il serait dommage de laisser se perdre ses facultés par négligence en les abandonnant peu à peu jusqu'à ce que, avec le temps, comme les animaux, sa seule occupation consiste à prendre soin du corps. Pour les pratiquants, un entraînement mental de bonne heure, particulièrement la concentration de l'esprit, représente une préparation importante pour le dernier jour, au moment où votre esprit devra conserver sa clarté et son acuité pour utiliser les techniques dévolues aux différents stades de la mort. Elles influencent au moins la renaissance dans la vie future. Une pesanteur de l'esprit à ce point critique peut être très dangereuse. Une véritable garantie pour une bonne vie future consiste à être capable de diriger votre pratique pendant les stades de la mort.

Votre état d'esprit juste avant votre nouvelle naissance exerce une influence car il détermine le caractère de votre prochaine existence. Vous aurez eu beau accumuler de grands mérites en cette vie, si vous la quittez avec un esprit borné, vous compromettez le schéma de votre vie future. Par ailleurs, même si vous avez commis durant cette vie de mauvaises actions, lorsque le dernier jour viendra, si vous êtes bien préparé et décidé à utiliser cette occasion au maximum, votre vie future sera bonne en tout état de cause. Par conséquent, faites votre possible pour entraîner votre esprit à rester frais, vigilant, plein d'acuité.

## D'AUTRES TECHNIQUES POUR PARVENIR AU CALME MENTAL

Devant des situations difficiles, il est facile d'être bouleversé par l'émotion. Le bouddhisme propose de nombreuses techniques pour se relaxer et trouver le calme au cours des situations pénibles auxquelles nous devons faire face chaque jour. Ces techniques varient selon les situations et les personnes. Il est particulièrement efficace de se servir du pouvoir de la méditation analytique pour régler directement les problèmes, plutôt que d'essayer de les fuir. Voici quelques exemples de cette technique.

• Lorsque vous êtes en face d'un problème, faites ce que vous pouvez pour le surmonter mais, si c'est impossible, réfléchissez sur le fait que ces difficultés sont dues à vos propres manques ou bien à une vie antérieure. Comprendre que cette angoisse se rattache au karma vous donnera la paix et vous révélera que la vie n'est pas injuste. Autrement, le chagrin et la douleur n'ont aucun sens.

• Au début, un problème peut sembler consistant et non négociable, jusqu'à ce que vous en analysiez la vraie nature. Pour y parvenir, essayez de parcourir l'éventail des souffrances de votre propre existence. Un esprit et un corps ordinaires sont de nature à souffrir, comme la nature du feu est de brûler et de produire des flammes. De même que nous avons appris à nous servir de la nature du feu, nous pouvons apprendre la manière de venir à bout de la souffrance dans notre vie personnelle.

• Prenez ce problème dans une perspective plus vaste. Si quelqu'un vous accuse, plutôt que d'exploser, imaginez que cette accusation secoue les chaînes de votre complaisance personnelle et par ce moyen vous permet de penser davantage aux autres. Replacez ces circonstances désagréables comme des éléments qui vont vous permettre de susciter votre développement spirituel. Cette technique est difficile à exécuter mais elle se révèle très efficace si vous y parvenez.

Quand vous êtes jaloux ou que vous souhaitez les pires ennuis à l'un de vos ennemis, au lieu de vous mettre dans tous vos états en énumérant ses défauts, essayez de réfléchir sur ses qualités à lui ou à elle. La plupart des gens combinent un ensemble de qualités et de défauts – il est difficile de trouver quelqu'un qui soit mauvais sur toute la ligne.

Réfléchissez sur la vacuité. Il s'agit de la plus profonde méditation analytique que j'étudierai dans les trois prochains chapitres.

Vous pouvez également avoir recours à la méditation stable pour une pause temporaire.

Si vous ne parvenez pas à cesser de ruminer un événement du passé ou ce qui risque de se produire dans l'avenir, concentrez votre attention sur le fait d'inspirer et d'expirer de l'air. À moins que vous ne préfériez réciter ce mantra : *om mani padme hum* (qu'il faut prononcer « om mani padmay hum »). Puisque l'esprit ne peut se concentrer simultanément sur ces deux exercices l'un ou l'autre incitera vos soucis à disparaître.

Il me semble que toutes les religions peuvent trouver un bénéfice aux techniques de la méditation bouddhiste. La concentration mentale peut résoudre utilement bien des situations compliquées. Quelles que soient nos activités, nous ne pouvons que tirer profit de la concentration mentale comme d'une meilleure mémoire.

### Sommaire pour une pratique quotidienne

1. Choisissez un support de méditation et concentrez votre esprit dessus, en essayant de conserver sa stabilité, sa clarté et son intensité. Évitez le laxisme et l'excitation.

2. En alternance, cherchez à identifier la valeur fondamentale de l'esprit, non pollué par la pensée, dans son état naturel, la luminosité pure, la connaissance innée de l'esprit. Grâce à votre faculté d'attention, examinez la véritable nature de la pensée. Ce qui l'affaiblira et l'amènera à disparaître de son propre chef.

# IV

# La pratique de la sagesse

# 8

# Comment naissent les êtres et les phénomènes

### Survol de la sagesse selon la pratique spirituelle

Pour susciter le genre d'amour et de compassion qui vous conduit à rechercher la bouddhéité, non pour vous-même mais pour le bien des autres, il faut d'abord être confronté à la souffrance sous toutes ses facettes. C'est la première noble vérité. Depuis l'heure de notre naissance jusqu'à celle de notre mort, nous endurons des douleurs aussi bien physiques que mentales, la souffrance du changement, comme la souffrance insidieuse d'une condition humaine qui échappe à notre contrôle. La deuxième et la troisième nobles vérités nous amènent à discerner les causes de la souffrance et, s'il est possible, d'en éliminer les raisons. La cause fondamentale de la souffrance est l'ignorance – la crainte erronée que le monde vivant existe d'une manière réelle. Ce chapitre explique que, en fait, le monde vivant n'existe pas de cette manière.

Nous disposons tous d'un sens personnel et justifié du moi ou « je » mais il faut savoir qu'il s'agit d'une fausse conception de ce « je » en tant qu'existence réelle. Sous l'influence d'une hallucination, nous estimons que notre moi a une existence propre, qu'il dispose de lui-même, qu'il fonctionne par le jeu de sa propre nature et qu'il est capable, seul, d'affronter la vie. Cette notion de la réalité de sa propre existence peut être si forte que le moi se croit autonome par rapport à notre corps et à notre esprit. Par exemple, si vous souffrez d'une maladie, vous suffit-il de croire qu'il vous faut entrer en contact avec un autre corps en meilleure santé que le vôtre ? De même, quand votre esprit se brouille, vous pouvez imaginer qu'il vous suffira d'entrer en contact avec un esprit plus vif que le vôtre.

Cependant, s'il existait un « je » autonome, fonctionnant de son plein gré et solidement établi, il devrait devenir de plus en plus évident à la lumière d'une analyse éclairée que, s'il existe en tant qu'esprit et corps ou qu'il appartienne à une série d'esprits et de corps, il procède d'une autre matière que celle de l'esprit et du corps. Plus on examine ce problème, moins on y voit clair. Tel est le cas de l'ensemble des phénomènes. Le fait qu'ils échappent à l'analyse ne signifie pas qu'ils n'ont pas d'existence propre. Ils ne sont pas autonomes.

Au début des années soixante, je réfléchissais sur un passage d'un texte de Tsongkhapa sur le fait que nous étions incapables de pénétrer la vérité, alors que l'ensemble des phénomènes ne sont perçus qu'à travers l'idée qu'on s'en fait. Voici ce passage :

« Une corde enroulée, mouchetée de couleurs ressemble à un serpent. Et la rumeur se répand dans la contrée : “Il y a un serpent !” Si l’on se penche sur la corde, au moment où on la prend pour un serpent, l’ensemble et les bouts de la corde n’ont rien à voir avec un serpent. En conséquence, ce serpent est une pure création de l’imagination. De la même manière, quand l’idée de “je” surgit en totale dépendance avec l’esprit et le corps, rien – à l’intérieur de l’esprit et du corps, pas plus que le fil conducteur des instants passés et présents, ou l’ensemble des épisodes rassemblés à un moment donné, pas plus que ces épisodes pris un à un, ou le continuum de ces épisodes disjoints – n’évoque de loin ou de près le “je”. Il n’existe pas le plus petit atome qui constituerait une entité différente de l’esprit et du corps, susceptible d’être appréhendé en tant que “je”. Par conséquent, le “je” est *purement* un concept qui ne saurait être dissocié de l’esprit et du corps. En aucun cas, il ne forme une entité à part. »

L’impact du choc que j’ai reçu en lisant ce texte a duré un moment. Pendant quelques semaines, lorsque je rencontrais des gens, ils me semblaient autant d’illusions issues du chapeau d’un magicien. Ils m’apparaissaient sous les formes de l’existence réelle mais je savais qu’en fait ils n’avaient aucune consistance. Cette expérience, qui m’a frappé comme la foudre en plein cœur, avait toutes les chances d’être totalement valide et sa réalité n’était pas sujette à controverse. C’est à ce moment que ma perception de la fin des émotions négatives comme une probabilité a pris son sens. Maintenant, je médite toujours le matin sur la vacuité et je poursuis cette expérience même au cours de mes activités de la journée. Le simple fait de penser ou de dire « je », comme par exemple : « Je vais faire ceci ou cela », me produit l'effet d'une balle dans le cœur. Mais je ne peux encore proclamer ma compréhension totale de la vacuité.

Une conscience persuadée de l'existence réelle des êtres ne repose pas sur une base solide. Alors que la conscience sage qui tient compte de la réalité sait que les êtres vivants comme les autres phénomènes – les esprits, les corps, les bâtiments, etc. – ne possèdent aucune existence réelle. Telle est la sagesse de la vacuité. Saisir l'essence de la réalité se trouve exactement à l'opposé de la fausse conception de l'existence réelle, tandis que la sagesse domine graduellement l'ignorance.

Si l'on parvenait à amender l'ignorance qui interprète faussement les phénomènes en croyant qu'ils ont une existence réelle, on parviendrait à empêcher l'irruption d'émotions négatives telles que le désir sexuel et la haine. En retour, cela permettrait à la souffrance humaine de régresser. La sagesse de la vacuité doit s'accompagner d'un souci profond des autres (et des actes de compassion qu'elle inspire). Auparavant, il faut démonter les obstacles qui bloquent la voie de l'illumination. Il s'agit de prédispositions à prendre à la lettre les illusions sur la fausse apparence des phénomènes – même pour des consciences équilibrées – comme s'ils avaient une existence réelle. C'est la raison pour laquelle la pratique spirituelle insiste pour cultiver la sagesse, en harmonie avec une grande compassion et l'intention d'atteindre l'illumination, selon laquelle les autres ont plus de valeur que vous-même. C'est alors seulement que votre connaissance profonde rejoindra l'omniscience d'un Bouddha.

## L'ABSENCE D'EGO

Les bouddhistes et les non-bouddhistes pratiquent à la fois la méditation par plaisir et pour se débarrasser de la souffrance. Selon les processus des bouddhistes et des non-bouddhistes, l'ego demeure un sujet d'études central. Certains non-bouddhistes qui admettent le principe de la transmigration acceptent également la nature transitoire de l'esprit et du corps. Ils croient cependant en un moi qui serait permanent, immuable et disposerait de son unité. Bien que les écoles bouddhistes acceptent le principe de la transmigration, elles maintiennent qu'il n'existe en aucun cas de moi aussi consistant. Pour les bouddhistes, le principal thème des exercices sur la sagesse est la vacuité ou l'absence d'ego, ce qui signifie l'absence d'un moi permanent, unitaire et indépendant ou, plus subtilement, l'absence d'existence réelle aussi bien chez les êtres vivants que parmi les autres phénomènes.

Pour comprendre l'altruisme, il faut se rendre compte que tout ce qui existe se répartit en deux groupes que l'on nomme les deux vérités : la conventionnelle et l'ultime. L'ensemble des phénomènes que nous observons autour de nous dérivent du bien au mal, ou du mal au bien, selon différentes causes et conditionnements. On ne saurait classer certains phénomènes comme étant, d'une manière inhérente, bons ou mauvais. On peut les décrire comme meilleurs ou pires, vastes ou petits, magnifiques ou laids, seulement par comparaison avec d'autres et non en raison de leur nature intrinsèque. Leur valeur est relative. On peut ainsi reconnaître qu'il existe une contradiction entre la manière dont les choses se présentent et ce qu'elles sont en réalité. Par exemple, il est possible qu'un élément semble agréable, selon son apparence, mais qu'il soit fondamentalement différent en raison de sa nature profonde. Il peut devenir radicalement mauvais selon les facteurs qui l'influencent. Un plat qui vous semble succulent au restaurant peut ne pas convenir à votre estomac. Il existe une contradiction profonde entre l'apparence et la réalité.

On appelle de tels phénomènes des vérités conventionnelles. Elles sont perçues par la conscience qui ne va pas au-delà des apparences. Ces mêmes phénomènes abritent un code interne, appelé la vérité ultime, qui tient compte des changements causés par les facteurs extérieurs. Comme la conscience sage ne se contente pas des apparences, il faut analyser si ces phénomènes ont l'existence réelle qu'ils semblent avoir, quitte à découvrir ensuite leur absence d'existence réelle. Cela confirme la vacuité de l'existence réelle qui sous-tend les apparences.

### *Vide de quoi ?*

La vacuité ou l'altruisme ne peuvent être compris que si vous pouvez identifier les phénomènes qui sont vides. Sans comprendre ce que vous niez, vous n'êtes pas aptes à saisir leur absence, leur vacuité. Vous pourriez croire que la vacuité signifie le néant mais tel n'est pas le cas. Si l'on ne part que d'une lecture, il est difficile d'identifier et de comprendre l'objet de la négation, ce que les textes bouddhistes évoquent sous la forme de la constitution de l'existence réelle. Avec le temps, lorsque vous aurez ajouté vos investigations personnelles à ces lectures, la manière erronée dont fonctionne votre raisonnement habituel vous apparaîtra sous un jour nouveau.

Le Bouddha a dit à maintes reprises que parce que l'ensemble des phénomènes se relient les uns aux autres ils ont une existence relative. Leur fonction dépend d'une part d'autres causes et d'autres facteurs et par ailleurs d'eux-mêmes. Une table de bois, par exemple, n'a aucune indépendance personnelle. Elle relève d'un certain nombre de causes, d'un arbre, du charpentier, etc. Elle a également une fonction. Si une table de bois ou n'importe quel autre objet n'étaient pas dépendants, s'ils avaient une existence propre que vous pouvez analyser – leur existence personnelle s'imposerait. Tel n'est pas le cas. Le raisonnement bouddhiste repose sur la science. Aujourd'hui, les physiciens découvrent sans cesse des composants de plus en plus élaborés de la matière. Cependant, ils sont incapables d'en définir la nature ultime. Percevoir la vacuité va plus loin.

Plus vous étudiez la manière dont une conscience ignorante perçoit les phénomènes de l'existence, plus vous vous persuadez que les phénomènes ne fonctionnent pas ainsi. Pourtant, plus vous examinez la perception d'une conscience sage, plus vous vous pénétrez du fait que, en raison de l'absence de l'existence réelle, le désir sexuel et la haine sont mus par l'ignorance et, sauf prise de conscience, peuvent se reproduire sans fin.

### *Les phénomènes existent-ils ?*

Comme nous venons de le dire, quand aucun phénomène ne se révèle par l'analyse, on peut se demander à juste titre si ces phénomènes ont une existence propre. Nous savons cependant par l'expérience directe que les gens et les événements peuvent susciter plaisir ou douleur et qu'ils abritent en eux la possibilité de rendre service ou de blesser. Si le principe des phénomènes existe, nous pouvons nous demander comment. Ils n'existent pas de leur plein gré mais leur existence dépend de bien des facteurs, y compris de la prise de conscience apte à les concevoir.

S'ils existent mais non d'une manière qui leur soit propre, ils existent nécessairement en fonction du regard qui les saisit. Lorsqu'un phénomène apparaît, il ne semble pas correspondre à cette définition. Il semble plutôt exister d'une manière qui lui est propre, en tant que phénomène, sans dépendre d'une conscience qui le conceptualiserait.

Lorsque vous suivez les exercices destinés à développer la sagesse, grâce à l'analyse, vous cherchez à découvrir l'existence réelle de tous les phénomènes que vous considérez – vous-même, une autre personne, votre corps, votre esprit, ou quoi que ce soit d'autre. Vous tentez d'analyser non l'apparence mais la nature inhérente du phénomène. Cela ne signifie pas que vous estimez que ce phénomène n'existe pas. Vous estimez plutôt que son existence réelle n'existe pas. L'analyse ne contredit pas l'existence d'un phénomène. Lorsque vous cherchez, par exemple, à étudier votre propre corps, il n'a pas d'existence réelle mais ce qu'il en reste se compose de quatre membres, d'un tronc et d'une tête.

*Si les phénomènes sont vides, peuvent-ils fonctionner ?*

Quoi que nous pensions au sujet des phénomènes, estimons-nous à tort qu'ils mènent une existence propre et ne relèvent que d'eux-mêmes ? Non. On peut concevoir les phénomènes de trois manières différentes. Examinons un arbre. Personne ne nie qu'il semble avoir une existence réelle, cependant :

1. L'arbre existe-t-il d'une manière réelle, selon sa propre loi ?

2. Nous pourrions concevoir que cet arbre ne dispose pas d'une existence réelle.

3. Nous pouvons visualiser cet arbre sans imaginer qu'il ait une existence réelle ou non.

Seul le premier de ces trois principes est faux. Les deux autres sont exacts, même si le mode d'apparence est erroné pour le deuxième et le troisième, selon lesquels cet arbre apparaît comme s'il avait une existence réelle.

Si les phénomènes n'existent pas d'une manière réelle, cela signifie-t-il qu'ils ne peuvent fonctionner ? Si l'on saute à la conclusion que, parce que la véritable nature des phénomènes est le vide, ceux-ci seraient incapables d'exercer des fonctions telles que de répandre plaisir ou douleur, rendre service ou blesser, il s'agit de la pire sorte de méconnaissance qui s'apparente au nihilisme. Comme l'étudiant yogi Nagarjuna le disait dans *La Précieuse Guirlande*, un nihiliste aurait sans aucun doute une transmigration redoutable dans une prochaine vie. Tandis qu'une personne qui croit, même en se trompant, à l'existence réelle des phénomènes, connaîtra une transmigration positive.

Laissez-moi entrer dans le détail. Nous avons besoin de croire aux conséquences de nos actions afin d'opter pour la vertu en cette vie et rejeter les mauvaises actions. En fait, le point de vue subtil de la vacuité de l'existence réelle peut sembler trop difficile à comprendre sans tomber dans le piège du nihilisme, ce qui vous rendrait incapable de saisir que les phénomènes surgissent en fonction des causes et des facteurs (selon le principe interactif). En vue de votre progrès spirituel, il vaudrait mieux vous installer dans un coin paisible pour méditer afin de pénétrer la vacuité. Même si vous commettez l'erreur de croire que les phénomènes ont une existence réelle, vous pouvez essayer de comprendre le principe interactif et tenter de le mettre en pratique. C'est la raison pour laquelle même le Bouddha, à une occasion, a enseigné que les êtres vivants, comme d'autres phénomènes, existent d'une manière réelle. De telles leçons correspondent à la pensée qui s'exprime dans les *écrits* du Bouddha mais elles ne représentent pas *sa propre* pensée finale. Pour des raisons spécifiques, il parlait parfois d'une manière transitoire.

*De quelle manière la conscience se trompe-t-elle ?*

Puisque tous les phénomènes semblent exister par eux-mêmes, l'ensemble de nos perceptions ordinaires est erroné. Le vrai principe de réalité apparaît seulement lorsqu'on se livre à une profonde méditation centrée sur la vacuité. A cet instant, le dualisme sujet-objet a disparu car il se manifeste sous forme de multiplicité. Seule la vacuité s'impose. Lorsque l'on émerge de cette méditation, de nouveau les êtres humains et les phénomènes se parent de leurs illusions comme s'ils avaient une existence propre mais celui qui a le pouvoir de rencontrer la vacuité est apte à saisir la contradiction qui se manifeste entre l'apparence et la réalité. Une méditation bien conduite permet d'identifier le monde des illusions comme un mode erroné d'appréhension.

Revenons au point central. Nous avons tous le sentiment du « je » mais il nous faut admettre que le « je » n'a aucune existence propre puisqu'il dépend en totalité de l'esprit et du corps. L'absence d'ego dont parlent les bouddhistes se réfère à l'absence du moi permanent, indivisible et indépendant. Plus subtilement, cette assertion évoque l'absence d'existence réelle des phénomènes. Les bouddhistes apprécient cependant l'existence d'un moi qui évoluerait d'un moment à l'autre sous la dépendance du continuum esprit/corps. Nous avons tous ce sens du « je ». Lorsque les bouddhistes évoquent la doctrine de l'absence d'ego, nous ne faisons pas allusion à la négation de ce moi. Avec le « je », nous désirons tous le bonheur et nous refusons d'être confrontés à la souffrance. C'est seulement quand notre moi est hypertrophié et que nous prenons à la lettre les phénomènes pour ce qu'ils ne sont pas, que nous subissons des épreuves douloureuses, comme autant de problèmes.

Essayez comme exercice d'identifier la manière dont les objets et les êtres humains se manifestent sous une fausse apparence :

1. Observez la manière dont un objet, une montre par exemple, est présenté dans un magasin quand vous l'avez remarqué pour la première fois. Vous noterez que son apparence va évoluer et devenir plus concrète au fur et à mesure qu'il attirera votre attention. Et vous remarquerez à quoi il ressemble vraiment quand vous l'aurez acheté et qu'il vous appartiendra.

2. Réfléchissez sur la manière dont vous vous imposez à votre esprit, comme si vous aviez une existence réelle. Considérez ensuite la manière dont les autres et leurs corps surgissent dans votre esprit.

# 9

# La voie du milieu

## Le besoin à la fois de la concentration et de la sagesse

Les textes bouddhistes nous affirment que lorsque l'on prend conscience du principe de vacuité, les illusions de l'existence réelle deviennent inconsistantes, mais on ne le perçoit qu'après une seule et brève réalisation spirituelle. Si nous n'avez pas encore atteint la fine pointe de la concentration qui permet d'accéder au calme intangible de l'esprit, il vous sera difficile d'éradiquer l'illusion de l'existence réelle. Vous avez plutôt intérêt à vous plonger dans l'analyse encore et encore ; grâce à la méditation concentrée, votre esprit se renforcera, gagnera en profondeur, en stabilité et deviendra capable d'aiguiser son pouvoir de concentration sur la vacuité – dont l'œuvre réduit les niveaux frustes d'une fausse perception de la réalité.

C'est la raison pour laquelle les Sutras du Bouddha aussi bien que les trois Tantras inférieurs affirment tous que le calme intangible (la méditation concentrée) est une condition préalable pour une vision spéciale (la sagesse). La méditation stable qu'on utilise pour atteindre le calme intangible et la méditation analytique choisie pour un discernement particulier ne varient pas selon les supports de méditation. Les deux méthodes peuvent prendre pour objectif soit la vacuité, soit un phénomène classique. La différence tient à ce que si l'on se laisse imprégner par la vacuité en partant d'un stade de calme intangible, cela requiert une certaine souplesse aussi bien mentale que physique, obtenue par la méditation analytique tout en tenant compte de la vacuité. Ce niveau de souplesse ne peut être atteint qu'après avoir obtenu un niveau de souplesse élémentaire, produit par la méditation stable. En conséquence, vous avez besoin d'acquérir le calme intangible avant d'avoir une vision spéciale.

Bien que le calme intangible puisse être atteint si l'on prend pour support la vacuité, cela ne vaut que pour les pratiquants qui ont déjà compris la vacuité. En général, les pratiquants commencent par la fine pointe de la méditation et parviennent à la vacuité grâce à l'analyse raisonnée.

### Le besoin de raisonner

L'ensemble des écoles bouddhistes s'entend pour reconnaître que le processus de l'analyse raisonnée mène à la conclusion (une réalisation conceptuelle) qu'il émane de la perception directe, partagée et fondamentale. En tant qu'exemple, étudions le raisonnement suivant :

Une plante n'existe pas de manière réelle parce qu'elle est dépendante/émergeante, interactive. Vous commencez par réfléchir sur le fait qu'une plante est interactive parce que sa production dépend de certaines causes et de certaines conditions – la nature du sol, les graines, le soleil, la lumière et l'eau – mais éventuellement le processus du raisonnement peut provenir ou non de la perception directe. Nous constatons *de visu* que les plantes évoluent. Elles poussent, mûrissent et finalement se dessèchent. En ce sens, la conclusion est limitée puisqu'elle doit éventuellement se rattacher à la perception directe. La conclusion relève de l'observation, qui repose en retour sur une expérience fondamentale, partagée, indiscutable, produite par la perception directe.

Les supports connus peuvent être classés entre évidents, légèrement obscurs et très obscurs. Pour arriver à comprendre un sujet très obscur, il est nécessaire de s'appuyer sur les écrits sacrés mais, même pour ce genre de conclusion, il ne suffit pas de citer un texte afin d'en valider un autre. Il vous faut analyser :

• S'il existe des contradictions internes parmi les écrits sacrés sur ce sujet.

• S'il existe la moindre contradiction entre ce que le texte précise sur le sujet et ce qui représente l'évidence sous l'effet de la perception directe.

• S'il existe la moindre contradiction entre l'avis que donnent les textes sacrés sur ce sujet et ce qui peut en être saisi par des conclusions élémentaires auxquelles on parvient par le raisonnement.

Même pour ces cas obscurs fondés sur les textes, on a besoin de l'analyse.

Le Bouddha a suggéré quatre principes pour en établir la fiabilité :

• Ne faites pas confiance à une seule personne mais prenez plutôt appui sur la doctrine.

• Tout en respectant la doctrine, ne comptez pas seulement sur les mots mais plutôt sur le sens.

• Tout en respectant le sens des mots, ne vous appuyez pas sur un sens qui exige une interprétation mais comptez plutôt sur un sens définitif.

• Tout en respectant le sens définitif, ne comptez pas sur une compréhension à double commande, mais plutôt sur la sagesse de la perception directe de la vérité.

Le Bouddha a également dit :

*Tel l'or qui a été brûlé, découpé et poli,*
*Ma parole doit être adoptée par les moines et les érudits*
*En l'analysant bien mais non par respect (pour moi).*

Selon le processus du raisonnement, il est très efficace d'émettre d'absurdes conséquences sur de fausses idées afin de limiter le pouvoir de nuisance de ces mauvaises idées avant d'en donner la preuve. Lorsque j'étudiais la logique dans ma jeunesse, un étudiant m'a dit une fois au cours d'un débat (avec un bouddhiste qui défendait le principe de l'existence réelle) – et, lors de votre propre méditation analytique, il s'agit plutôt d'une approche délicate –, utiliser un syllogisme tel que : « Mon corps n'a aucune réalité parce qu'il est interactif. »

Il aurait eu un autre impact s'il avait utilisé une affirmation aussi absurde que : « Il s'ensuit que mon corps ne saurait être interactif car il existe d'une manière réelle. » Car il est fondamental pour le bouddhisme que l'ensemble des phénomènes soient interactifs.

### Compatibilité des phénomènes interactifs et vacuité

Le Bouddha lui-même, en citant les Sutras, et Nagarjuna et ses fils spirituels – Aryadeva, Buddhapalita et Chandrakirti –, commentant le sens de ces Sutras, se sont servis du fait que les phénomènes sont interactifs pour la raison *finale* d'instaurer la vacuité. Ce qui indique que les phénomènes en général n'ont pas d'existence propre et que les phénomènes temporaires sont destinés à avoir des fonctions.

Quand le Bouddha a enseigné les quatre nobles vérités, il a d'abord identifié les souffrances véritables, leur causes, la manière d'y mettre fin et les voies, puis il a dit :

« Il faut tenir compte des souffrances mais il n'y a aucune raison d'en tenir compte. Les causes de ces souffrances vont être abandonnées mais il n'y a rien à abandonner. La cessation va être à l'ordre du jour mais il n'y a rien à mettre à l'ordre du jour. Il faut méditer sur la voie mais il n'y a rien à méditer. »

Le sens de cette apostrophe est que, bien qu'il y ait des facteurs parmi les quatre nobles vérités destinées à être *conventionnellement* (et validement) reconnues, abandonnées, actualisées et méditées, il n'y a rien pour être reconnu, abandonné, actualisé et sur lequel méditer d'une manière ultime. Du point de vue de la réalité ultime, ces éléments se trouvent au-delà de l'activité. Tout a le même goût dans la vacuité de l'existence réelle. De cette manière, le Bouddha a ouvert des perspectives conformes aux deux vérités – la conventionnelle et l'ultime.

L'ensemble des phénomènes – les causes et les effets, les actions et leur origine, le bien et le mal, etc. – existent d'une manière conventionnelle. Mais ils n'existent que de nom car ils sont interactifs. Comme les phénomènes sont reliés à d'autres facteurs, ils ne disposent d'aucune indépendance. Cette absence d'indépendance – ou la vacuité de l'existence réelle – correspond à leur propre vérité ultime. Vous parviendrez à comprendre cette véritable vacuité de l'existence réelle lorsque vous serez déçu par le mirage des apparences et que vous vous servirez de l'analyse pour lancer des sondes sous la surface.

Quand vous aurez vraiment compris le sens de l'apparence et celui de la vacuité, vous comprendrez également qu'elles se trouvent en harmonie l'une par rapport à l'autre. L'apparence ne dissipe pas la vacuité et la vacuité n'entame pas l'apparence. Si vous ne parvenez pas à le comprendre, vous pouvez croire à la vertu, aux non-vertus, à la loi de cause à effet, etc., mais alors vous n'êtes pas capable de croire en la vacuité. De la même manière, vous pouvez penser que vous avez compris la vacuité mais vous serez alors incapable de croire en la relation de cause à effet – aider ou blesser, plaisir ou douleur – qui surgit selon les circonstances. Sans un minimum de compréhension, la vacuité et l'apparence semblent s'annuler l'une l'autre.

Les phénomènes sont vides d'existence réelle parce qu'ils dépendent pour leur existence de certaines conditions. Et réciproquement, les phénomènes sont capables de fonctionner parce qu'ils sont vides de la solidité de l'existence réelle. S'ils existaient tant soit peu d'une manière autonome, ils ne seraient pas soumis à d'autres causes comme à d'autres conditions – et ils ne changeraient pas. Dans ce cas, ils ne seraient pas à l'origine du plaisir et de la douleur, de l'aide aux autres comme du mal. Le bon et le mauvais n'existeraient pas.

La réalisation totale des dépendants/émergents interactifs entraîne la double approche de l'apparence et de la vacuité de l'existence réelle. Les extrêmes du néant absolu et de l'existence réelle sont simultanément dissipés par cette compréhension jumelle, en sachant que les phénomènes émergents empêchent de croire au nihilisme extrême, en permettant aux supports comme aux êtres humains de tenir leur place en ce monde – ce qu'autorise la loi de cause à effet du karma. Savoir que les phénomènes sont dépendants empêche de croire à l'extrême de l'existence réelle en récusant que les phénomènes existent d'une manière autonome. En comprenant ces deux points de vue, on parvient à la voie du milieu.

### *Le Sutra du cœur*

Quelle est la relation qui existe entre les phénomènes et leur vacuité ?

Ce thème profond est exposé dans un écrit sacré sur la perfection de la sagesse, appellé le *Sutra du cœur*, que l'on récite et que l'on médite chaque jour dans les pays où se pratique le Grand Véhicule (Chine, Japon, Corée, Mongolie, Tibet et Vietnam). Il s'agit d'une présentation courte et incisive donnée par le Bouddha sur la sagesse qui permet d'éradiquer les problèmes à la racine et – en liaison avec d'autres motivations orientées et des gestes de compassion – permet d'atteindre l'omniscience d'un Bouddha. Voici le Sutra du cœur dans sa totalité :

*« Hommage à la victorieuse perfection de la sagesse*

Voici ce que j'ai entendu : à un moment, le Vainqueur Suprême vivait en compagnie d'une importante communauté de moines et d'une grande communauté de Bodhisattvas sur la montagne du Vautour, à Rajagriha. A cette époque, le Vainqueur Suprême était absorbé dans une méditation concentrée sur un ensemble de phénomènes appelé « perception des profondeurs ». Dans le même temps, le grand Bodhisattva, le Supérieur Avalokiteshvara qui suivait aussi la pratique de la profonde perfection de la sagesse, discernait que même les cinq agrégats (les formes, les sentiments, les discriminations, les facteurs composés et la conscience) sont vides de toute existence réelle.

« Alors, grâce aux pouvoirs du Bouddha, le Vénérable Shariputra dit au grand Bodhisattva vivant, le Supérieur Avalokiteshvara :

“Comment un enfant de haute lignée doit-il s'entraîner s'il désire pratiquer la perfection profonde de la sagesse ?”

Le grand Bodhisattva vivant, le Supérieur Avalokiteshvara, répondit à Shariputra :

“Shariputra, les fils ou les filles de haute lignée qui désirent pratiquer la profonde perfection de la sagesse devraient considérer les phénomènes comme suit. Ils devraient discerner convenablement et minutieusement que même les cinq agrégats sont vides d'existence réelle. La forme est vacuité ; la vacuité est forme. La vacuité n'est rien d'autre que la forme ; la forme n'est rien d'autre que la vacuité. De la même manière, les sentiments, les discriminations, les facteurs composés et la conscience sont vides.

« Ainsi, Shariputra, tous les phénomènes sont vides – sans caractéristiques, sans être produits, indéfiniment, sans souillures ni séparation des souillures, ni décroissants. Donc, Shariputra, dans le vide il n'y a ni formes, ni sentiments, ni discrimination, ni facteurs organisés, ni conscience, ni yeux, ni oreilles, ni nez, ni langue, ni corps, ni cerveau, ni formes, ni bruits, ni odeurs, ni goût, ni objets tangibles, ni autres phénomènes. Dans le vide, il n'y a ni ignorance, ni extinction de l'ignorance, ni extinction de la vieillesse et de la mort. De même, le vide ne comporte ni souffrances, ni sources ni cessations de souffrance, ni voies ; ni suprême sagesse, ni réalisations, et aussi ni absence de réalisation. C'est pourquoi, Shariputra, puisque les Bodhisattvas n'ont pas de but, ils se fondent sur et demeurent dans cette profonde perfection de la sagesse. Leur esprit ne connaît ni les obstacles ni la peur ; ayant dépassé définitivement l'erreur, ils vont vers l'achèvement final du nirvana. Tous les Bouddhas du passé, du présent et du futur atteignent manifestement et complètement l'Éveil dans l'illumination complète et parfaite liée à la profonde perfection de la sagesse.

« C'est pourquoi, le mantra de la perfection de la sagesse est celui d'une grande connaissance, le mantra insurpassé, le mantra égal à l'inégalé, le mantra qui apaise toute souffrance. Il faut reconnaître que, puisqu'il n'est pas faux, il est vrai. Voici la définition du mantra de la perfection de la sagesse.

*Tadyata gate paragate parasamgte bodhi svaha* [1].

1. Voir la traduction chapitre 12, p. 187.

« C'est ainsi, Shariputra, que les grands Bodhisattvas doivent pratiquer dans la perfection profonde de la sagesse. »

Ensuite, le Vainqueur Suprême émergea de sa méditation stabilisatrice et s'adressa au grand Bodhisattva, le Supérieur Avalokiteshvara :

« Bien, bien, bien ! Enfant de haute lignée, c'est ainsi. C'est ainsi qu'on devrait pratiquer la profonde perfection de la sagesse de la manière que vous avez indiquée. Même ceux qui ne sont plus ici admirent cela. »

Le Vainqueur Suprême ayant prononcé ces mots, le vénérable Shariputra, le grand Bodhisattva Avalokiteshvara, le reste de l'entourage et les êtres vivants – incluant les dieux, les humains, les demi-dieux et ceux qui se nourrissent d'odeurs –, ont admiré et loué ce que le Vainqueur Suprême avait dit.

### *Forme et vacuité*

Issu d'une longue tradition de commentaires de l'Inde et du Tibet sur le *Sutra du cœur*, je vais fournir quelque aliment à la pensée sur ce passage central : « La forme est vacuité ; la vacuité est forme. La forme n'est rien d'autre que la vacuité ; la vacuité n'est rien d'autre que la forme. » Cette formule incisive contient beaucoup de sens.

1. Les personnes et les choses sont dépendantes des causes et de leurs parties, et ne peuvent exister indépendamment de celles-ci. Elles sont dépendantes/émer-

gentes. En conséquence, elles sont vides d'existence réelle. Parce que les phénomènes sont dépendants/émergents interactifs, ils ont une nature de vacuité.

2. Inversement, comme les êtres et les choses n'ont pas de nature indépendante ou réelle, ils doivent compter sur d'autres facteurs. Ils doivent être dépendants/émergents.

3. La vacuité des formes n'est pas distincte des formes. Celles-ci sont produites et se désintègrent à cause de la présence de certaines conditions ; elles sont, par leur essence même, vides d'existence réelle.

4. Cette absence d'existence réelle correspond à leur réalité ultime, leur mode d'existence, leur manière d'être finale.

5. En résumé, la production et la désintégration, l'accroissement et la diminution des formes sont possibles parce que celles-ci sont dénuées d'existence autonome. Les phénomènes tels que les formes sont supposés naître à partir de la sphère de l'essence de la vacuité.

En conséquence, le *Sutra du cœur* dit : « La forme est vacuité ; la vacuité est forme ; la forme n'est rien d'autre que la vacuité ; la vacuité n'est rien d'autre que la forme. » De cette manière, vacuité et dépendants/émergents sont en harmonie.

En résumé, les formes ne sont pas vides en raison de la vacuité, les formes sont vides en elles-mêmes. La vacuité ne signifie pas qu'un phénomène est vide d'être un autre objet mais qu'il est vide de sa propre existence réelle. Qu'une forme soit vacuité signifie que la nature finale d'une forme est son manque d'existence réelle naturelle. Parce que les formes sont des dépendants/émergents, elles sont vides d'une entité indépendante et autonome. Que la vacuité soit la forme signifie que ce manque d'existence réelle – absence d'un principe d'autonomie – rend possibles les formes qui sont son support ou qui sont constituées séparées d'elle et dépendantes des conditions. Puisque les formes sont les bases de la vacuité, la vacuité est forme. Les formes apparaissent comme le reflet de la vacuité.

À partir de ma propre expérience, il est plus facile de comprendre que les choses sont vides d'existence réelle parce qu'elles sont dépendantes/émergentes que de comprendre qu'elles sont dépendantes/émergentes parce qu'elles sont vides. Bien qu'intellectuellement, je saisisse cette dernière proposition, l'expérimenter au niveau du sentiment est plus difficile. Aujourd'hui, je réfléchis souvent sur une citation dans *La Guirlande précieuse* de Nagarjuna :

*Une personne n'est ni terre ni eau,*
*Ni feu, ni vent, ni espace,*
*Ni conscience, ni rien de tout cela.*
*Quelle personne existe donc en dehors de tout cela ?*

En premier lieu, Nagarjuna se demande si les éléments physiques du corps – la terre (le dur), l'eau (le liquide), le feu (la chaleur), le vent (l'air), et l'espace (l'espace vide tel que la gorge) – peuvent être le moi. Ensuite, il se demande si la réunion de ces éléments est le moi. Enfin, il pose la question rhétorique de savoir si le moi peut être autre que cela. En aucune manière, le moi n'est trouvé.

Mais Nagarjuna ne conclut pas immédiatement que le moi n'est pas réel. Au contraire, après ce verset, il affirme que le moi n'est pas non existant mais qu'il est un dépendant/émergent dépendant des six constituants mentionnés plus haut. Ensuite, en se fondant sur le fait de cette dépendance, il tire la conclusion que le moi n'est pas réel.

« Parce qu'elle est [constituée dépendante] d'un agrégat de six constituants, une personne n'est pas réelle. »

« Pas réelle » ne veut pas *seulement* dire qu'on ne peut trouver le moi parmi ou à part les six constituants. Nagarjuna souligne que, bien que l'esprit qui prend conscience du vide de l'existence inhérente y voie une simple absence, ce même esprit comprend que le moi est un dépendant/émergent. Je sens que la façon dont il présente cette proposition est très efficace, évitant à la fois la position extrême de soutenir que le moi existe d'une manière réelle et l'affirmation de prétendre que le moi n'existe pas. Comme les deux faces de la main, lorsqu'on examine sa nature profonde, on constate la vacuité de l'existence réelle, mais lorsqu'on l'observe sur l'autre face, on voit l'apparence du phénomène lui-même. Ils ne forment qu'une entité. En conséquence, la forme est vacuité, et la vacuité est forme.

La signification de la vacuité représente aussi le sens du dépendant/émergent. Ils sont liés profondément. Plus votre vision de la vacuité deviendra claire, plus vous constaterez que les objets dépendent des causes, des conditions et de leurs composants. Ils apportent plaisir et douleur *parce qu'* ils n'existent pas d'une manière réelle. Si vous pensez que tout est inutile parce que c'est vide, vous prenez la vacuité pour du nihilisme. La compréhension correcte de la vacuité signifie que nous devons compter sur la cause et l'effet. La compréhension absolue et naturelle de la vacuité implique une appréhension de l'union de l'apparence et de la vacuité.

La compréhension de la vacuité est merveilleuse. Elle a pu servir d'antidote à la fausse conception de l'existence réelle. Elle aide à une meilleure appréhension de la cause et de l'effet. Telle est la véritable compréhension de la vacuité. Il est impossible d'expliquer l'importance de la prise de conscience de la vacuité à travers une simple lecture ou une explication orale. Il faut travailler pendant longtemps tout en s'abstenant du mal, en manifestant de la compassion, ainsi que des prières aux Bouddhas, aux Bodhisattvas et aux autres maîtres pour qu'ils nous aident à surmonter les obstacles. Nous avons besoin de nombreuses causes positives.

## SOMMAIRE POUR UNE PRATIQUE QUOTIDIENNE

Examinez souvent comment naissent les phénomènes selon les causes et les effets. Essayez de comprendre comment cet enchaînement se trouve en contradiction avec la façon dont les personnes et les choses semblent exister si solidement, de leur propre gré, et être constitués d'une manière réelle. Si vous êtes enclin au nihilisme, réfléchissez davantage sur le dépendant/émergent. Si, en vous concentrant sur les causes et les conditions, vous avez tendance à renforcer l'existence réelle des phénomènes, insistez alors sur la manière dont la dépendance contredit cette apparence solide. Vous pencherez sans doute d'un côté et de l'autre. La voie vraie du milieu nécessite du temps pour être découverte.

# 10

# L'esprit et sa nature profonde

Dans un texte sur la perfection de la sagesse, Bouddha énonce la déclaration suivante :

« Dans l'esprit, on ne trouvera pas l'esprit ; la nature de l'esprit est la claire lumière. »

Afin de comprendre les différents niveaux de cet énoncé, il faut identifier l'esprit, analyser sa nature profonde, et découvrir comment les bonnes et les mauvaises conséquences surgissent. Examinons les différentes parties de cet énoncé :

1. La phrase « dans l'esprit » concerne la nature de l'esprit, son essence lumineuse et sa connaissance. Dans le chapitre 7 sur la méditation concentrée, nous avons évoqué la nature lumineuse et vibrante de la connaissance de l'esprit et vu comment il est nécessaire d'écouter les pensées précédentes – ne pas laisser venir de nouvelles pensées bien qu'elles soient toujours présentes –, afin de pouvoir identifier l'esprit.

2. Quand Bouddha dit « on ne trouvera pas l'esprit », cela signifie que cette luminosité et cette connaissance ne sont pas l'essence ultime et la plus profonde de l'es-

prit. Mais plutôt, l'essence ultime de l'esprit est la « claire lumière », vide d'existence réelle.

Vous pourriez penser que Bouddha affirme que l'esprit n'existe pas, mais ce n'est pas le cas. Moi-même, je commente cet énoncé par le travail de mon esprit, et vous, le lecteur, lisez en faisant travailler votre esprit. L'esprit est toujours présent, nous l'utilisons, mais nous ne le connaissons pas bien. Ainsi, même s'il est difficile d'identifier l'esprit, il existe. Nous l'analysons par rapport à sa nature la plus profonde.

Il est évident que l'esprit existe. Comme sa nature ultime et sa disposition de base ne sont pas établies, quel est son mode d'existence ? Sa nature profonde reflète la vacuité de sa propre existence réelle. Cela signifie que les souillures qui polluent l'esprit – l'ignorance, la luxure et la haine – sont temporaires, séparables de l'esprit. Lorsque ces souillures sont admises comme superficielles, n'appartenant pas à la nature fondamentale de l'esprit, on perçoit que la nature profonde de celui-ci est la claire lumière, la vacuité.

## LES SOUILLURES SONT SUPERFICIELLES, L'ESSENCE DE L'ESPRIT EST LA CLAIRE LUMIÈRE

Les textes bouddhistes expliquent de différentes façons l'énoncé : « Les souillures sont superficielles, l'essence de l'esprit est la claire lumière. » La déclaration du Bouddha n'est pas si vague que nous puissions l'interpréter comme il nous plaît. Au contraire, elle comprend de nombreuses significations explicites et implicites. Dans le Tantra du Yoga supérieur, il existe de nombreuses manières d'extraire un sens d'une formulation. Nous pouvons expliquer le sens littéral, le sens général, le sens caché et le sens ultime.

Afin de clarifier la déclaration de Bouddha, « Les souillures sont superficielles, l'essence de l'esprit est la claire lumière », je citerai en association avec le *Tantra* du Yoga supérieur le *Tantra de la parure magique*, section de la *Répétition des noms de Manjushri Tantra* :

*Les Bouddhas parfaits surgissent du A.*
*A est la lettre suprême.*

Parmi les quatre sens que je viens de mentionner, je donnerai une explication *générale* de cette affirmation. La lettre A est une particule négative en sanscrit. Elle exprime la vacuité, l'absence, ou la négation de l'existence réelle. Lorsque le *Tantra de la parure magique* affirme que « les Bouddhas parfaits surgissent du A », cela signifie que les Bouddhas naissent au sein de la sphère nouménale de la vacuité. En le disant autrement, les Bouddhas naissent grâce à la méditation sur la vacuité de l'existence réelle. Par la méditation, les souillures sont éliminées dans la sphère nouménale de la réalité (la vacuité de l'existence réelle). La vacuité, symbolisée par A, est le thème suprême. C'est pourquoi le *Tantra de la parure magique* dit : « A est la lettre suprême. »

De même, du point de vue du Tantra du Yoga supérieur, la lettre A se réfère à la goutte indestructible dans laquelle est formé le corps d'un Bouddha. Dans le Tantra du Yoga supérieur, la bouddhéité naît en se concentrant sur la goutte indestructible au centre du cœur. Le corps ultime d'un Bouddha possède la nature de la goutte indestructible. Cela nous aide à comprendre l'assertion que les Bouddhas parfaits naissent de la lettre A.

Qu'est-ce que la goutte indestructible ? C'est l'union du vent subtil et de l'esprit subtil. L'esprit connaît les objets tandis que le vent, ou l'énergie intérieure, conduit la conscience à engager des projets. L'union du vent et de l'esprit provoque des changements dans la conscience.

### L'esprit sans commencement

La conscience n'est pas physique. Elle n'a ni la couleur, ni la forme, ni la caractéristique des choses physiques. Son entité est pure luminosité et connaissance, et lorsqu'elle rencontre certaines conditions (par exemple, lorsqu'un objet est présent et qu'une faculté sensorielle fonctionne normalement) elle reflète cet objet. Le fait que l'esprit change d'un moment à l'autre, apparaissant sous différents aspects, indique qu'il est influencé aussi par d'autres causes et conditions.

Un esprit naît d'un esprit précédent du même type, ce qui montre qu'il existe un continuum de l'esprit sans commencement. Si la création d'un esprit n'avait pas besoin de dépendre de moments spirituels passés, s'il pouvait naître sans causes, alors un tel esprit pourrait surgir n'importe où et n'importe quand, ce qui serait absurde. De même, si la conscience n'était pas produite par une entité passée de notre conscience mais née de quelque chose de physique, soit elle serait toujours produite de cette façon absurde, soit elle ne le serait jamais, ce qui serait aussi absurde. Cela indique que la conscience représente la continuité d'une entité antérieure de la conscience.

Parce que la conscience est fondée sur un moment antérieur de conscience, il ne peut y avoir de commencement à ce continuum. La conscience n'a ni commencement ni fin. Cette continuité rend possible la transformation de l'esprit en états améliorés. Quand le continuum mental est associé aux états impurs, notre expérience est limitée au domaine de l'existence cyclique. Quand le continuum mental rompt avec les états impurs, nous pouvons atteindre au nirvana. De cette manière, tous les phénomènes sont des artifices ou des jeux de l'esprit. Les phénomènes impurs de l'existence cyclique sont les jeux d'un esprit impur, les purs phénomènes du nirvana sont le jeu de l'esprit pur.

## Les états d'esprit erronés sont dus à l'ignorance

Puisqu'il est dit que « dans l'esprit on ne trouvera pas l'esprit ; la nature de l'esprit est la claire lumière », les états d'âme impurs tels que le désir sexuel et la haine ne font pas partie de la nature de l'esprit. Ils sont produits par l'ignorance – une conscience qui conçoit à tort l'existence réelle – dans le moment présent ou à partir d'une source antérieure. Les états d'esprit erronés proviennent à la racine d'une conscience faussée. L'ignorance est une forme de conscience qui se trompe par rapport à l'objet de son attention : elle n'est pas fondée sur une connaissance valide.

Une conscience erronée et une conscience avec une fondation solide ont des manières contradictoires d'appréhender les phénomènes. Ainsi, elles s'affrontent mutuellement. Au cours de votre pratique, lorsque vous vous habituez aux attitudes correctes, les états d'esprit erronés diminuent jusqu'à disparaître. Le système même de l'enseignement bouddhiste est fondé sur la contradiction naturelle. Nous désirons le bonheur et ne voulons pas de la souffrance. La douleur que nous cherchons à éviter surgit surtout des attitudes mentales. Comme les émotions douloureuses se trouvent à la source de la souffrance mentale directement ou indirectement, nous devons considérer s'il existe des forces qui les opposent. Par exemple, si la colère entraîne la souffrance, nous devons alors nous mettre à la recherche d'une force opposée. Pour la colère, il s'agit de l'amour et de la compassion. Bien que la colère et l'amour/compassion relèvent de la conscience ils ont des façons contradictoires d'appréhender le même objet. Leurs réalisations sont opposées. Ainsi, s'il fait trop chaud dans une pièce, le seul moyen de réduire la chaleur est de faire pénétrer le froid. De même que la chaleur et le froid s'opposent, les états mentaux purs et impurs s'affrontent. Plus l'on en développe un, plus l'autre décroît. C'est pourquoi il est possible d'éliminer des états d'esprit erronés. Les antidotes existent.

L'esprit même représente une vérité conventionnelle ; la réalité de l'esprit – son vide d'existence réelle – est sa vérité ultime. Ces deux vérités sont contenues en une entité indivisible. De même qu'il existe une union des deux vérités, la conventionnelle et l'ultime, concernant l'esprit, de même une union de ces deux vérités concerne chaque objet. Son apparence est une vérité conventionnelle, son vide d'existence réelle, sa vérité ultime.

La réalité finale est connue grâce au raisonnement du dépendant/émergent. Par exemple, parce que l'esprit est une entité dépendante émergente, il est vide d'existence réelle. Lorsque l'on saisit la vacuité grâce à la logique du dépendant/émergent, on comprend que les phénomènes sont l'union du dépendant/émergent et de la vacuité. L'apparence et la vacuité sont alors perçues comme harmonieuses.

Les apparences dépendantes/émergentes de phénomènes conventionnels procurent un contexte propre à enseigner la compassion – appelé la « Voie vaste », à cause de l'immense variété de ses apparences. La vacuité de l'existence réelle des apparences crée le fondement de l'enseignement de ce qu'on nomme la « Voie profonde », parce que la vacuité est l'*essence finale* des phénomènes – paisible, libérée de toute conceptualisation et d'un seul goût. En cultivant ces deux voies par la méditation – le vaste aspect de la compassion et la profonde sagesse de la vacuité – d'une manière inséparable, les états mentaux erronés de votre continuum passeront par une transformation graduelle. Ils disparaîtront peu à peu tandis que les attributs excellents de l'esprit et du corps d'un Bouddha émergeront.

La bouddhéité est accomplie grâce à la culture unifiée de la motivation et de la sagesse. La motivation et la sagesse apposent leur empreintes sur la bouddhéité. Le résultat de la culture de la motivation sont les *Corps formés* d'un Bouddha qui existent afin d'accomplir le bien-être des autres. L'empreinte de la culture de la sagesse est la *Vérité du corps* d'un Bouddha, accomplissement de votre développement personnel. Quelles sont les principales formes de la motivation et de la sagesse ? La motivation première est une intention d'atteindre l'Éveil, inspirée par l'amour et la compassion et qui entraîne la pratique d'actions bienveillantes, telles que le don, la morale et la patience. La principale forme de la sagesse est une conscience intelligente qui réalise la vacuité de l'existence réelle.

Il existe trois aspects des fondations du bouddhisme. La *base* réside dans les deux vérités, la conventionnelle et l'ultime. À partir de ces deux vérités, la voie émerge avec les deux facteurs de la motivation et de la sagesse, chacune reliée à ses vérités respectives. Le *fruit*, ou le résultat du voyage sur la Voie, est la réalisation des deux corps – les *Corps formels* et les *Corps vérité* d'un Bouddha – pour assembler ces éléments, sur la *base* des deux vérités – la conventionnelle et l'ultime – se pratiquent les deux qualités de la Voie – la motivation et la sagesse – qui amènent à accomplir le *fruit*, les Corps de la forme et de la Vérité d'un Bouddha.

### Sommaire pour une pratique quotidienne

1. Identifiez la nature lumineuse et vibrante de connaissance de l'esprit, non obscurci par les pensées.
2. Explorez souvent l'essence profonde de l'esprit afin de révéler son absence d'existence réelle, sa vacuité, en réfléchissant sur la dépendance des causes et conditions de l'esprit – en incluant le fait que le temps mental écoulé dépend des époques antérieures et postérieures à ce même temps.
3. Essayez de saisir la compatibilité de l'apparence de l'esprit avec son vide d'existence réelle et constatez comment les deux se complètent.

V

# Le Tantra

# 11

# Le yoga de la déité

Il existe dans le bouddhisme deux types de pratiques fondamentales : le Sutra et le Tantra. Jusqu'à présent nous avons évoqué la pratique du Sutra. Le but du Tantra est de procurer une voie plus rapide afin que les pratiquants qualifiés puissent se mettre au service des autres au plus tôt. Dans le Tantra, le pouvoir de l'imagination est lié à la méditation au cours d'une pratique appellée « yoga de la déité ». Dans cette pratique, il faut imaginer : 1. remplacer votre esprit tel qu'il apparaît ordinairement plein d'émotions perturbantes par un esprit de pure sagesse motivé par la compassion ; 2. substituer à votre corps ordinaire (composé de chair, de sang et d'os) un corps formé de sagesse motivé par la compassion ; 3. développer une sensation du moi qui dépende seulement de l'apparence de l'esprit et du corps dans un environnement idéal, en étant entièrement voué au service des autres. Comme cette pratique spéciale du Tantra réclame que vous vous visualisiez avec le corps, les activités, les ressources et l'environnement d'un Bouddha, on parle d'« adopter l'imagination comme voie spirituelle ».

Il est normal de craindre cette pratique. Vous imaginez posséder les qualités d'un Bouddha et vous ne les avez pas. S'agit-il d'un aspect correct de la conscience méditative ? Oui. Votre esprit est engagé dans la compréhension de la réalité dans laquelle vous apparaissez comme une déité. En conséquence, votre esprit est correct. En outre, vous imaginez *délibérément* que vous possédez un corps divin même si vous ne l'avez pas. Il s'agit d'une méditation imaginative : vous n'êtes pas convaincu au fond que vous possédez réellement un esprit, un corps et un moi purs. En réalité, vous cultivez la sensation d'être une déité aidant les autres avec une compassion fondée sur l'imagination claire d'un corps et d'un esprit idéals.

Pour être un pratiquant *spécial* du Tantra – c'est-à-dire le genre de pratiquant pour lequel Bouddha a spécifiquement institué la pratique du Tantra, il faut avoir des facultés vives et avoir déjà atteint une sagesse réalisant la vacuité, ou être prêt à acquérir cette sagesse. Les exigences pour pratiquer le Tantra sont moins rigoureuses. L'engagement dans le Tantra à n'importe quel niveau, exige une sérieuse intention d'atteindre l'éveil pour le bien d'autrui et la conviction que cela doit s'opérer rapidement.

Au début de la pratique tantrique, la façon primordiale d'obtenir l'apaisement de l'esprit consiste à méditer sur votre propre corps comme s'il était celui d'une déité. Lorsque vous méditez sur un corps divin, vous méditez d'abord sur la vacuité, obtenant autant de conscience possible de l'existence réelle. Quand vous vous êtes acclimaté à cet état, vous utilisez cet esprit comme le fondement d'où apparaît la déité. L'esprit, réalisant la vacuité, apparaît comme la déité avec son environnement. Vous méditez en premier sur la vacuité. Sa déité apparaît. Ensuite, vous vous concentrez sur la déité.

De cette manière, le yoga de la déité combine la sagesse et la motivation compatissante. Une conscience unique réalise la vacuité et apparaît aussi, compatissante, sous la forme d'une déité altruiste. Dans le système du Sutra, bien qu'il y ait une union de la sagesse et de la motivation compatissante, la pratique de la sagesse est seulement *affectée* par la force de la pratique de la motivation, et celle-ci est seulement *affectée* par la force de la pratique de la sagesse. Elles ne sont pas contenues en une seule conscience. En revanche, elles le sont dans le Tantra. L'inclusion de la motivation et de la sagesse dans une conscience unique est ce qui rend le progrès du Tantra si rapide.

Quand j'étais un jeune garçon, le Tantra était une question de foi aveugle. A vingt-quatre ans, j'ai perdu mon pays puis, après mon arrivée en Inde, je me suis mis à lire avec attention les explications de Tsongkhapa sur la vacuité. Après m'être installé à Dharamsala, je me suis concentré avec davantage d'application sur l'étude et la pratique des stades de la Voie, de la vacuité et du Tantra. C'est seulement à l'approche de la trentaine, après avoir acquis une certaine expérience de la vacuité, que le yoga de la déité a eu du sens pour moi.

Un jour, dans le temple principal de Dharamsala, je suivais le rituel de m'imaginer comme une déité du

Yoga du Tantra supérieur, appellée Guhyasamaja. Mon esprit demeurait fixé sur la récitation du texte du rituel : quand j'arrivai aux mots « moi-même », j'oubliai complètement mon moi habituel en rapport avec la combination de mon esprit et de mon corps. Au lieu de cela, j'éprouvais le sentiment très clair du « moi » en rapport à la nouvelle et pure combinaison de l'esprit et du corps de Guhyasamaja que j'étais en train d'imaginer. Etant donné que c'est le genre d'identification qui se trouve au cœur du yoga tantrique, l'expérience me confirma qu'avec assez de temps je pourrais définitivement atteindre les profonds états de conscience mentionnés dans les écritures.

## L'initiation

Pour pratiquer le Tantra, il est essentiel d'accéder à la transmission des bénédictions des êtres supérieurs du passé. Les bénédictions existent aussi dans la pratique du Sutra, mais elles sont vitales dans le Tantra. Le premier accès à ces bénédictions passe par la porte de l'initiation. Il y existe quatre catégories de Tantras – l'Action, la Performance, le Yoga et le Tantra du Yoga supérieur – chacune avec ses propres initiations afin de préparer l'esprit pour la pratique et ses méditations spécifiques.

Où reçoit-on l'initiation ? Dans un mandala, qui comprend un environnement idéal et des personnages divins qui sont autant de manifestations de compassion et de sagesse. Les quatre Tantras ont des mandalas de complexité variée. Certains sont peints, d'autres sont fabriqués avec des sables de couleurs différentes, et d'autres encore forment une catégorie spéciale de mandalas destinés à la concentration.

Afin de recevoir l'initiation et de recueillir les vœux dans un mandala du Tantra du Yoga ou du Tantra du Yoga supérieur, le lama qui dirige la cérémonie doit être qualifié. Les quatre catégories du Tantra insistent sur les attributs du lama, conformément aux descriptions détaillées du Bouddha au sujet des qualifications du maître en fonction des différentes étapes de la Voie. Il faut se souvenir de la recommandation de Bouddha de ne pas se fier uniquement à la personne, mais à la doctrine. Mieux vaut ne pas se laisser trop impressionner par la réputation d'un maître. Le plus important est que le maître connaisse bien la doctrine et les pratiques.

## Les promesses et les vœux

Dans les deux Tantras d'une catégorie inférieure – Action et Performance –, il n'y a pas d'indication précise à propos de vœux tantriques qui doivent être prononcés au moment de l'initiation. Il y a cependant de nombreux engagements à tenir. Dans les deux catégories supérieures du Tantra – le Yoga et le Yoga supérieur –, après avoir reçu les facettes de l'initiation, vous devez faire les vœux tantriques en plus des engagements. Le Tantra du Yoga et le Tantra du Yoga supérieur comportent quatorze vœux fondamentaux de même qu'une liste d'infractions à éviter. Comme ils diffèrent dans leur voie spécifique, même les vœux fondamentaux divergent légèrement. La pratique du Tantra revient surtout à surmonter votre apparence et votre environnement ordinaire (afin de surmonter le concept d'ordinaire). Il faut se visualiser comme ayant le corps d'un Bouddha, ses activités de compassion, ses ressources et son lieu de résidence. C'est pourquoi la plupart des promesses impliquent la substitution de l'idéal aux apparences ordinaires, afin de limiter votre opinion de vous-même, de vos compagnons, de votre environnement et de vos activités ordinaires.

A l'exception du vœu particulier de libération individuelle qui dure vingt-quatre heures, tous les autres vœux de libération individuelle engagent pour la vie (bien qu'il soit possible de résilier ses vœux et de rendre son ordination). En revanche, les vœux bodhisattvas et tantriques se poursuivent jusqu'à l'éveil parfait, tant que l'on n'a pas commis d'infraction fondamentale.

En premier lieu, on adopte l'éthique de la libération individuelle, puis l'éthique Bodhisattva, et enfin l'éthique du Tantra. Les pères de famille qui ont fait vœu de Bodhisattva et de Tantra maintiennent une version familiale des vœux de libération individuelle. Le *Kakachakra Tantra*, qui a fleuri en Inde durant le XIe siècle et qui est devenu l'un des principaux Tantras des Ecoles tibétaines de la Nouvelle Traduction, déclare que s'il y a trois maîtres de Tantra, l'un ayant fait des vœux de père de famille, l'autre de moine novice et le troisième de moine accompli, ce dernier doit être considéré comme supérieur aux autres. Ce qui indique que le système tantrique tient en haute estime la morale monastique. Le *Guhyasamaja Tantra* stipule qu'extérieurement vous devez maintenir la discipline de la pratique de la libération individuelle tout en maintenant intérieurement une affinité pour la pratique du Tantra. Ainsi, les pratiques du Sutra et du Tantra travaillent-elles ensemble.

### Utiliser la sexualité dans la voie

Commençons par considérer le rôle du désir sexuel dans la voie du Tantra en examinant l'interdiction de l'inconduite sexuelle au cours de l'éthique de la libération individuelle entièrement fondée sur le principe de l'abstention du mal. L'inconduite sexuelle est identifiée en détail dans le *Trésor de la connaissance manifeste* de Vasubandhu. Pour un homme, cela reviendrait à vivre avec la femme de quelqu'un d'autre ou avec quelqu'un confié à sa famille. Il en va de même pour la femme. Il lui est interdit de vivre avec le mari d'une autre femme ou avec quelqu'un qui aurait été confié à sa famille. Certaines personnes ont suggéré d'une façon ridicule que, puisque le texte de Vasubandhu explique les dix non-vertus du point de vue d'un homme, la femme n'est pas fautive si elle s'engage dans les non-vertus –, ainsi il n'y aurait pas d'interdits pour la femme.

Pour les bouddhistes, les rapports sexuels peuvent être utilisés dans la voie spirituelle parce qu'ils provoquent une forte concentration de la conscience si le pratiquant possède compassion et sagesse. Leur but est de manifester et de prolonger les niveaux les plus profonds de l'esprit (décrits plus haut par rapport au processus de la mort), afin d'utiliser leur pouvoir en renforçant la réalisation de la vacuité. Le rapport sexuel n'a rien à voir avec la culture spirituelle. Lorsqu'une personne a atteint un haut niveau dans la pratique de la motivation et de la sagesse, même l'union de deux organes sexuels, ledit rapport sexuel, ne distrait pas cette personne d'un comportement pur. Les yogi, qui ont atteint un haut niveau dans la Voie et qui sont pleinement qualifiés, peuvent s'engager dans des activités sexuelles, de même qu'un moine hautement qualifié respectant tous les préceptes.

Un yogi tibétain, critiqué par un autre, répondit qu'il mangeait de la viande et buvait de la bière comme si cela était des offrandes à la déité du mandala. Ces pratiquants tantriques se visualisent comme des déités dans un mandala, avec la certitude que la déité ultime représente la béatitude ultime – l'union de la béatitude et de la vacuité. Ce yogi tibétain ajouta que sa pratique sexuelle avec une partenaire se faisait avec l'intention de développer une vraie connaissance. C'est effectivement le but. Un tel pratiquant peut utiliser à des fins spirituelles non seulement de la viande délicieuse et du vin mais également des excréments humains et de l'urine. La méditation du yogi les transforme en ambroisie. Ce n'est pas à la portée des gens ordinaires. Tant que vous serez incapables de transformer l'urine et la merde, les autres choses ne devraient pas être pratiquées.

Bouddha a établi une série spécifique d'étapes sur la Voie pour cette raison. L'étape préliminaire consiste à s'entraîner aux vœux de la libération individuelle. Si vous vivez comme un moine ou une religieuse, votre conduite a une base plus solide – il y a peu de risques de distraction excessive. Même si vous ne pouvez suivre ces vœux, il y a peu de risques. Donc, simplement, pratiquez, pratiquez, pratiquez ! Lorsque vous aurez développé une force intérieure, vous pourrez contrôler les quatre éléments intérieurs – la terre, l'eau, le feu et le vent (ou cinq éléments si l'espace intérieur est inclus). Quand vous serez capable de contrôler ces éléments internes, vous pourrez contrôler les cinq éléments extérieurs. Dès lors, vous pouvez tout utiliser.

Comment la sexualité peut-elle aider sur la Voie ? Il existe de nombreux niveaux de conscience différents. Le potentiel des niveaux les plus grossiers est très limité, mais les degrés plus profonds et plus subtils disposent de beaucoup de pouvoir. Nous avons besoin d'avoir accès à ces niveaux plus subtils de l'esprit. Mais pour cela, nous devons affaiblir et arrêter temporairement la conscience ordinaire. Pour accomplir ce processus, il est nécessaire d'apporter des changements drastiques au flux des énergies intérieures. Même si de brèves versions des niveaux les plus profonds de l'esprit surviennent quand nous éternuons ou que nous bâillons, ces niveaux ne peuvent être prolongés. Une expérience antérieure de manifestations des niveaux profonds est nécessaire pour qu'ils se manifestent durant le sommeil. C'est là qu'intervient la sexualité. Grâce à des techniques spéciales de concentration pendant le rapport sexuel, des pratiquants compétents sont capables de prolonger des états puissants, subtils et profonds et de les utiliser pour réaliser la vacuité. Si vous entreprenez l'acte sexuel dans un contexte mental ordinaire, il n'apportera aucun avantage spirituel.

Un Bouddha n'a pas besoin de rapports sexuels. Les déités illustrées dans les mandalas sont souvent unies à des partenaires, mais cela ne suggère pas que les Bouddhas doivent s'en remettre aux rapports sexuels pour leur béatitude. Ils possèdent en eux-mêmes le bonheur suprême. Les déités unies sexuellement apparaissent dans les mandalas pour aider les gens aux facultés exacerbées, capables d'utiliser une partenaire et la félicité de l'union sexuelle en pratiquant la voie rapide du Tantra. De la même manière, le Bouddha tantrique Vajradhara apparaît sous des aspects paisibles ou menaçants, mais cela ne signifie pas que Vajradhara est pourvu de ces deux aspects de sa personnalité. Vajradhara demeure toujours totalement compatissant. Ses différentes apparitions spontanées s'adressent aux pratiquants. Il apparaît de manière que les pratiquants méditent lorsqu'ils utilisent des émotions douloureuses telles que le désir sexuel ou la haine au cours du processus de la Voie. Afin de diriger des émotions aussi fortes dans la voie spirituelle, les pratiquants ne peuvent se visualiser dans le corps paisible du Bouddha Shakyamuni. Ils ont besoin du yoga de la déité. Dans le cas de la haine, il est nécessaire de méditer sur votre propre corps en furie. Vajradhara apparaît automatiquement sous l'aspect féroce approprié pour indiquer à l'impétrant comment méditer. Il en va de même pour le yoga sexuel. Les disciples qui sont capables d'utiliser la béatitude émergeant du désir impliqué dans le regard, le sourire, se tenir par la main ou l'acte sexuel, doivent évoquer le yoga de la déité correspondante. Ils ne pourraient s'imaginer en Shakyamuni, un moine. Le but des apparences variées de Vajradhara n'est pas de faire peur aux pratiquants ni d'exciter leur désir, mais de leur montrer comment pratiquer une méditation imaginative.

### Sommaire pour une pratique quotidienne

La pratique du Tantra tend à modifier votre vision de vous-même et des autres. Pour y parvenir, vous pouvez imaginer que vous éprouvez un sentiment de compassion, que votre corps est pur et votre comportement altruiste.

# VI

# Les étapes de la Voie

# 12

# Vue d'ensemble de la Voie de l'éveil

## Progrès graduel

Comment le pratiquant avance-t-il vers la bouddhéité en cultivant par la méditation les voies de la motivation et de la sagesse ? Dans le *Sutra du cœur*, Bouddha exprime les niveaux de la Voie selon une formulation brève et profonde, « *Tadyata gate gate paragate parasamgate bodhi svaha* » (prononcé *tadyata gaté gaté paragate parasamgaté bodhi svaha*), ce qui veut dire : « Il en est ainsi : avancez, avancez, avancez au-delà, avancez vraiment au-delà, soyez fondé sur l'éveil. » Examinons cette phrase de plus près, en commençant avec le premier mot, *gate* (« avancez »). Qui va ? Est-ce le moi qui est désigné en dépendance de la continuité de l'esprit ? D'où partez-vous ? Vous vous éloignez de l'existence cyclique, cet état existentiel sous l'influence des actions polluées et des émotions contreproductives. Vers quoi allez-vous ? Vous allez vers la bouddhéité pourvu d'un « corps de vérité », à jamais libéré de la souffrance et des sources de la souffrance (les émotions douloureuses), de même que des prédispositions établies par les émotions douloureuses. Sur quelles causes et conditions vous fondez-vous tandis que vous avancez ? Vous avancez sur une voie qui représente l'union de la compassion et de la sagesse.

Bouddha recommande à ses disciples d'aller sur l'autre rive. Du point de vue du pratiquant, l'existence cyclique est sur le rivage proche. Sur l'autre rive, un lieu éloigné, se trouve le nirvana – l'état où l'on a dépassé la souffrance.

## Les cinq Voies

Lorsque Bouddha dit : « *Tadyata gate gate paragate parasamgate bodhi svaha* » (« il en est ainsi : avancez, avancez, avancez au-delà, avancez entièrement au-delà, soyez fondé dans l'éveil »), il indique aux pratiquants d'avancer sur les cinq Voies :

*gate* : la Voie de l'accumulation ;
*gate* : la Voie de la préparation ;
*paragate* : la Voie de la vision ;
*parasamgate* : la Voie de la méditation ;
*bodhi svaha* : la Voie de la cessation de l'étude.

Identifions la nature du progrès spirituel sur ces cinq Voies :

1. Quelle est la première Voie, la *Voie de l'accumulation ?* Il s'agit de la période pendant laquelle vous pratiquez une motivation dirigée ailleurs. Par ce moyen, vous accumulez d'importantes réserves de mérite. Bien que vous pratiquiez l'union de la motivation et de la sagesse, votre effort vers la vacuité n'a pas encore atteint le niveau d'assistance mutuelle d'absorption méditative et de méditation analytique appelé « un état émergent de la méditation ». Sur cette Voie, vous accomplissez une méditation concentrée et vous travaillez vers un état émergent de la méditation qui réalise la vacuité.

2. Au point où vous atteignez un état de sagesse né de la méditation qui réalise la vacuité, vous arrivez à la *Voie de la préparation.* En devenant de plus en plus familier avec cette voie et en cultivant la motivation compatissante, vous percevez graduellement l'apparence de la vacuité sur les quatre niveaux de la Voie de la préparation (chaleur, sommet, patience et les plus hautes qualités sociales).

3. La vacuité est réalisée directement, sans la contamination subtile de l'apparence duelle qui a disparu. Cela est le début de la *Voie de la vision* – la voie de la réalisation initiale directe de la vérité concernant la nature profonde des phénomènes. A ce point du Grand Véhicule, les dix niveaux du Bodhisattva commencent (nommés socles parce que sur eux sont engendrées des qualités spirituelles spéciales). Pendant la Voie de la vision et la Voie de la méditation, on surmonte deux types d'obstructions, acquises intellectuellement ou innées.

Les états mentaux intellectuellement acquis surviennent par suite d'adhésion à des systèmes faux. Par exemple, des adeptes de certaines écoles bouddhistes croient que les phénomènes existent à partir de leurs propres caractéristiques, croyance fondée sur le « raisonnement ». Si les phénomènes ne sont pas institués de cette façon, ils ne pourraient pas fonctionner. Ce genre de conception erronée, polluée par un système de principes non valables, est appelée artificielle, ou acquise intellectuellement. Même si vous n'avez pas acquis de nouvelles prédispositions causées par une pensée conceptuelle fausse durant cette vie, nous avons tous dans notre continuum mental des prédispositions établies en adhérant à des opinions erronées au cours des vies antérieures.

Les états d'esprit erronés, innés, ont existé chez tous les êtres sensibles – des insectes aux humains – depuis des temps immémoriaux. Ils fonctionnent de leur propre gré sans dépendre de textes et de raisonnements faux.

4. Qu'elles soient acquises intellectuellement ou artificiellement, les obstructions sont enlevées grâce à la Voie de la vision. Les obstructions innées sont plus difficiles à surmonter (vous avez été conditionnés par ces états d'esprit erronés depuis la nuit des temps). Elles doivent être éliminées par une méditation continue sur le sens de la vacuité. Parce que ces méditations sont répétées pendant de longues périodes, cette phase de la voie se nomme la *Voie de la méditation*. Vous avez déjà médité sur la vacuité, mais la Voie de la méditation se réfère à une voie de grande familiarisation.

Ensuite, vous traversez les neufs socles restants de Bodhisattva. Parmi les dix socles, les sept premiers sont désignés comme impurs, les trois derniers comme purs, parce que sur les sept premiers socles, vous vous trouvez encore dans le processus d'élimination des obstructions douloureuses. Elles ne sont pas encore purifiées. Dans la première partie du huitième socle, vous écartez les émotions douloureuses. Le reste du huitième socle, puis le neuvième et le dixième permettent de surmonter les obstructions à l'omniscience.

5. En utilisant la méditation concentrée comme un diamant à la fin des dix socles du Bodhisattva – la culmination étant d'avoir encore des obstructions à surmonter – vous pourrez amoindrir les obstacles subtils à l'omniscience. Ensuite, votre esprit devient une conscience omnisciente tandis que simultanément la nature profonde de l'esprit devient le *Corps de la Nature* d'un Bouddha. Telle est la cinquième et la dernière voie, la *Voie de la cessation de l'étude*. Du vent très subtil, ou énergie – qui forme une entité de cet esprit – des formes physiques pures ou impures surgissent spontanément pour aider les êtres sensibles. On les appelle les *Corps formels* d'un Bouddha. C'est la bouddhéité, un état qui représente une source d'assistance et de bonheur pour les êtres sensibles.

Il convient de corriger des nombreuses conceptions fausses sur la faculté des femmes d'atteindre la bouddhéité. Dans le Sutra du Grand Véhicule, il n'y a pas d'indication qu'une femme ne puisse atteindre la bouddhéité. Les Écritures indiquent que, durant les pratiques destinées à accumuler le mérite pendant trois périodes d'immenses et innombrables éons, vous arrivez à un moment pendant lequel le karma sur lequel vous travaillez mûrira avec les apparences physiques et la beauté d'un Bouddha ; à ce moment-là, selon le Sutra du Grand Véhicule, il est utile d'avoir un fort support physique. Donc vous prendrez le corps d'un homme. Ces textes précisent que pendant votre dernière vie avant d'atteindre la bouddhéité, vous aurez besoin d'avoir le corps d'un homme. Le Tantra du Yoga supérieur, que nous considérons être le meilleur système, affirme que non seulement une femme peut atteindre la bouddhéité, mais qu'elle peut y arriver durant cette vie.

## Les qualités de la bouddhéité

Selon toutes les formes de bouddhisme, la pratique est basée sur l'intention de quitter le cycle des existences. Dans le Grand Véhicule, vous êtes motivé par l'intention concernée par les autres d'atteindre l'éveil. Dans le Tantra, grâce aux techniques qui mettent en valeur le développement de méditation concentrée qui représente l'union de l'apaisement de l'esprit et de l'intelligence immédiate, vous pouvez atteindre la bouddhéité dans laquelle les obstructions – les obstructions douloureuses qui empêchent la libération du cycle des existences et les obstructions à l'omniscience, des obstacles à la bouddhéité – ont été éliminées.

Les qualités d'un Bouddha sont décrites en tant que différents « corps » divisés en deux types généraux :

— le Corps de Vérité, pour votre propre bien ;
— les Corps formels, pour le bien des autres.

Les Corps formels, à leur tour, sont classés sur la base de leur apparence en fonction de différents niveaux de pureté et d'impureté : les pratiquants avancés peuvent accéder au *Corps de la jouissance totale*. À d'autres niveaux, les pratiquants expérimentent une grande variété de *Corps d'émanation*. Les Corps de Vérité peuvent aussi être divisés en deux types, le *Corps de nature* et le *Corps de la sagesse exaltée*. Le Corps de nature peut être encore divisé en un état de purification naturelle et un état de purification provoquée. Le Corps de vérité peut se diviser selon de nombreux points de vue. La *Parure pour la claire réalisation* de Maitreya spécifie vingt et une séries non contaminées de sagesse exaltée, qui à leur tour se subdivisent en cent quarante-six séries.

## La pratique pour le long voyage

Je viens de donner une brève explication de : la base – les deux vérités, la conventionnelle et l'ultime ; les voies construites sur cette base – motivation et sagesse ;

les fruits de deux voies – les Corps formels et le Corps de Vérité d'un Bouddha. Il est utile de garder cette vue d'ensemble de la structure de la pratique, mais il faut se souvenir que la réalisation est générée grâce à de nombreuses causes et conditions – compréhension correcte, accumulation de mérites, maîtrise des obstructions. Si vous n'avez pas accumulé des mérites et purifié les méfaits, il est difficile d'atteindre la réalisation en essayant seulement de méditer. C'est pourquoi il est important de travailler sur chacune des conditions préalables.

L'engagement dans les conditions préalables n'est pas une affaire de comptes et n'exige pas de faire une retraite pendant trois ans et trois phases de la lune (comme l'imaginent certains, car quelques retraites durent ce temps-là), ou pour n'importe quelle autre période. Mieux vaut accumuler les mérites et purifier les obstructions jusqu'à ce que certaines réalisations soient générées. On peut y passer sa vie entière afin d'améliorer ses vies futures. Parfois, à cause d'un manque de connaissances, des gens qui ont suivi une longue retraite sont fiers de l'avoir accomplie jusqu'au bout. Cet accroissement de l'orgueil apporte un accroissement de la colère, de la jalousie et de l'esprit de compétition. Le même symptôme peut se produire à partir d'une connaissance intellectuelle de la doctrine. Ce n'est pas facile ; les émotions douloureuses sont astucieuses.

Il ne s'agit pas de pratiquer pour quelques semaines ou quelques années mais pendant de nombreuses vies, pendant des millions d'éons. Certains traités estiment que l'éveil est atteint par l'accumulation de la collection de mérites et de sagesse pendant trois périodes d'innombrables éons. Cela peut vous encourager à une attitude patiente au cours de circonstances difficiles. Si cela vous attriste, c'est parce que vous désirez atteindre rapidement la bouddhéité en raison de votre grand souci des autres. Cela pourrait être un signe de manque de courage. On ne peut atteindre l'éveil sans y travailler durement. Si vous ne le croyez pas, cela signifie que vous demeurez prisonnier d'une forme d'égoïsme.

Telle est la totalité du processus de la Voie. Même si les Tibétains n'ont pas de fortune, ils possèdent cette richesse de l'esprit. Les bonnes intentions des diverses religions ne suffisent pas. Nous devons les appliquer dans la vie sociale quotidienne ; ainsi se reconnaît la valeur de leur enseignement. Si un bouddhiste médite dans un temple sans appliquer au-dehors ces idéaux, ce n'est pas bien. Il faut pratiquer dans la vie quotidienne.

La vraie valeur de la pratique se mesure lorsque nous traversons une période difficile. Quand nous sommes heureux, la pratique ne semble pas si urgente, mais lorsque nous devons faire face à des problèmes inévitables tels que la maladie, la vieillesse, la mort ou d'autres situations désespérées, il devient crucial de contrôler colère, émotions, et d'utiliser le bon esprit humain pour déterminer comment affronter ce problème avec calme et patience.

Le premier espoir est de pouvoir résoudre le problème, mais si ce n'est pas le cas, que cela ne trouble pas votre paix mentale. Confronté à la situation, il faut maintenir la paix de l'esprit – sans prendre de drogues ou essayer de ne plus y penser. C'est pour cela que nous prenons autant de plaisir à nos week-ends et nos vacances ! Pendant cinq jours, vous travaillez pour gagner de l'argent, ensuite pendant le week-end vous allez au loin avec cet argent, vous prenez du bon temps ! Durant ce moment, vous essayez de ne plus penser à votre problème. Mais il est toujours là.

Si vous avez une bonne attitude mentale, vous n'aurez pas besoin de vous distraire. Lorsque vous faites face à la situation et que vous analysez le problème, comme un gros morceau de glace dans l'eau, il fondra peu à peu jusqu'à disparaître. Si vous pratiquez avec sincérité, vous éprouverez la valeur de la pratique.

Selon la propre parole de Bouddha, son enseignement durera encore pendant cinq mille ans. Au bout de cette période, il sera détruit par une réincarnation de Bouddha lui-même, puisque, lorsque ce jour arrivera, l'enseignement n'aura plus d'utilité. Il existe dans l'univers des milliards de mondes comme le nôtre. Dans quelques-uns, l'enseignement vient d'être introduit ; dans d'autres, il décroît. Mais l'enseignement demeure, continuellement. Les Bouddhas et leur enseignement ne disparaissent jamais.

## Sommaire pour une pratique quotidienne

Nous rassemblons ici les résumés de pratiques décrites au long de ce livre. Concentrez-vous sur celles qui conviennent en ce moment à votre niveau. Vous pouvez aussi alterner durant la semaine. Patiemment cultivées pendant des mois et des années, ces pratiques vous deviendront de plus en plus familières et votre vie prendra davantage de sens.

### *La morale de la libération individuelle*

1. Examinez votre motivation aussi souvent que vous le pourrez. Avant de vous lever le matin, établissez un projet positif pour la journée. Le soir, récapitulez ce que vous avez fait pendant la journée.

2. Remarquez combien de souffrances comporte votre vie :

• Il y a une douleur physique et mentale que vous vous efforcez d'éviter, par exemple la maladie, la vieillesse, ou la mort.

• Des expériences temporaires, comme l'absorption d'une délicieuse nourriture, semblent agréables en soi mais trop répétées elles se transforment en douleur – c'est la douleur du changement. Lorsqu'une situation transforme le plaisir en douleur, réfléchissez sur le fait que la nature profonde du plaisir initial se révèle. L'attachement à des plaisirs aussi superficiels n'apporte que davantage de douleur.

• Réfléchissez à la manière dont vous êtes prisonnier d'un processus général de conditionnement qui, au lieu d'être sous votre contrôle, se trouve sous l'influence du karma et des émotions douloureuses.

3. Développez graduellement une vision réaliste du corps en examinant ses constituants – la peau, le sang, la chair, les os, etc.

4. Analysez votre vie. Vous trouverez qu'il est difficile de mal l'employer en vous transformant en robot ou en considérant l'argent comme un substitut du bonheur.

5. Adoptez une attitude positive devant les difficultés. Imaginez qu'en subissant une situation difficile vous diminuez les conséquences plus mauvaises d'autres karmas que vous subiriez à l'avenir. En tant qu'exercice mental, prenez sur vous le fardeau des souffrances des autres.

6. Évaluez les effets négatifs et positifs de sentiments tels que la luxure, la colère, la jalousie et la haine. Lorsqu'il devient évident que leurs effets sont nuisibles, vous parviendrez à la conclusion qu'il n'y a pas de résultat positif à la colère. Peu à peu votre certitude se renforcera ; des réflexions répétées sur les désavantages de la colère vous feront prendre conscience qu'elle n'a pas de sens et qu'elle est pathétique. Ainsi, votre colère diminuera-t-elle graduellement.

7. Après avoir analysé l'étendue de votre souffrance, recherchez sa cause et identifiez-la. La cause de cette

souffrance est l'ignorance de la nature vraie des personnes et des choses.

Le désir sexuel, la haine, etc., sont fondés sur cette ignorance. L'ignorance peut être détruite, éteinte dans la sphère de la réalité. Cette cessation s'accomplit grâce à la pratique de la morale, de la méditation concentrée, et des voies vraies de la sagesse.

8. Remarquez votre attachement à la nourriture, aux vêtements, à votre intérieur et adaptez des pratiques monastiques de satisfaction à la vie d'une personne laïque. Utilisez nourriture, vêtements et habitation adéquats. Et le temps libre, consacrez-le à la méditation de manière à surmonter davantage de problèmes.

9. Développez le vœu de vous abstenir de faire du mal à autrui, en actes ou en paroles, même si vous êtes gêné, insulté, humilié, rejeté ou frappé.

### *La morale de la préoccupation des autres*

Tentez une visualisation en cinq étapes afin de développer la compassion :

1. Restez calme et raisonnable.

2. Devant vous, sur la droite, imaginez une autre version de vous-même, égoïste et égocentrique.

3. Devant vous, sur la gauche, imaginez un groupe de pauvres gens, des malheureux qui n'ont pas de liens avec vous, et qui ne sont ni amis ni ennemis.

4. Observez calmement ces deux aspects de votre point de vue. À présent, pensez : « Les deux côtés dési-

rent le bonheur. Ils désirent se débarrasser de la souffrance. Ils ont tous deux le droit d'attendre ce but. »

5. De même que d'ordinaire nous sommes prêts à effectuer des sacrifices temporaires pour un plus grand bien à long terme, de même le bonheur d'un grand nombre de malheureux sur votre gauche est plus important que cette personne seule sur votre droite. Votre esprit se tourne naturellement du côté du groupe de malheureux.

Pratiquez le rituel pour l'aspiration à l'éveil : essayez les sept étapes préliminaires :

1. *Rendez hommage* au Bouddha Shakyamuni entouré d'innombrables Bodhisattvas, que vous imaginez remplir le ciel devant vous.

2. *Offrez* toutes sortes de choses merveilleuses – que vous les possédiez ou non – incluant votre corps, vos ressources, et votre vertu, aux Bouddhas et aux Bodhisattvas.

3. *Révélez* les innombrables méfaits par le corps, la parole et l'esprit que vous avez commis avec l'intention de blesser les gens. Regrettez de l'avoir fait et décidez de vous en abstenir.

4. *Admirez* du fond du cœur vos vertus et celles des autres. Réjouissez-vous des bonnes actions accomplies en cette vie et dans vos vies antérieures, en pensant : « J'ai vraiment fait quelque chose de bien. » Réjouissez-vous des vertus des autres, incluant celles des Bouddhas et des Bodhisattvas.

5. *Demandez instamment* aux Bouddhas qui sont

complètement éveillés mais qui n'ont pas encore enseigné de s'y livrer pour le bien de ceux qui souffrent.

6. *Suppliez* les Bouddhas de ne pas disparaître.

7. *Dédiez* ces six pratiques à l'obtention de la plus haute illumination.

Ensuite, entreprenez la partie centrale du rituel afin d'aspirer à l'éveil :

1. Avec une forte détermination d'atteindre la bouddhéité afin de servir d'autres êtres, imaginez un Bouddha devant vous, ou votre maître spirituel, représentant de Bouddha.

2. Récitez trois fois comme si vous répétiez après lui ou elle :

« Jusqu'à ce que j'atteigne l'éveil je cherche le refuge en Bouddha, la doctrine, et la communauté spirituelle suprême.

« Grâce aux collections de mérites dues à mes dons, ma moralité, ma patience, mon effort, ma concentration, et ma sagesse, que je puisse atteindre à la bouddhéité afin d'aider tous les êtres. »

Pour maintenir et renforcer cet altruisme profond en cette vie, essayez ce qui suit :

1. Répétez encore et encore les bienfaits de l'accroissement, votre intention d'atteindre l'éveil pour le bien des autres.

2. Divisez la journée en trois périodes et la nuit égale-

ment. Durant chacune de ces périodes, prenez du temps libre ou émergez de votre sommeil pour pratiquer la visualisation des cinq étapes. Il suffit de visualiser les cinq étapes trois fois au cours d'une session matinale de quinze minutes environ, et trois fois dans une session nocturne de quinze minutes.

3. Évitez de négliger mentalement le bien d'une seule personne.

4. Engagez-vous autant que possible dans des activités vertueuses avec une attitude positive ; développez une compréhension minimale de la nature de la réalité ou maintenez le désir de le faire et travaillez à cela.

Afin de maintenir et de renforcer cet altruisme profond dans les vies futures :

1. Ne mentez à personne, à moins que vous ne puissiez aider énormément les autres en mentant.
2. Directement ou indirectement, aidez les gens à progresser vers l'éveil.
3. Aidez tous les êtres avec respect.
4. Ne trichez avec personne, et soyez toujours honnête.

Essentiellement, pensez tout le temps : « Que je puisse être capable d'aider tous les êtres ! »

### *La méditation concentrée*

1. Choisissez un objet de méditation et concentrez votre mental, en essayant de maintenir la stabilité, la clarté et l'intensité. Evitez laxisme et excitation.

2. Alternativement, identifiez l'état fondamental de l'esprit non souillé par la pensée, dans son état essentiel – la pure luminosité, la nature connaissante de l'esprit. Grâce à la pleine conscience et à l'introspection, demeurez en cet état. Si une pensée surgit, examinez sa nature ; cela lui fera perdre son pouvoir et elle disparaîtra.

### *La sagesse*

En tant qu'exercice pour identifier comment les objets et les êtres apparaissent dans une perception erronée :

1. Observez comment une montre paraît dans un magasin quand vous la remarquez pour la première fois, comment son apparence change et devient plus concrète tandis que votre intérêt pour elle croît, enfin à quoi elle ressemble après que vous l'avez achetée et la considérez comme vôtre.

2. Remarquez à certains moments comment vous paraissez vous-même comme existant en vous et par vous, sans dépendre de l'esprit et du corps.

3. Ensuite réfléchissez sur la manière dont les phénomènes naissent selon des causes et des conditions, et

observez comme cela contredit la manière dont les gens et les choses paraissent exister de leur plein droit. Si vous avez une affinité envers le nihilisme, réfléchissez davantage sur le dépendant/émergent interactif. Si, en vous concentrant sur les causes et les effets, vous avez tendance à renforcer l'existence réelle des phénomènes, insistez davantage sur la façon dont la dépendance contredit cette apparence prétendument si solide. Vous serez sans doute tiraillé d'un côté et de l'autre ; trouver la vraie voie du milieu prend du temps.

Également :

1. Identifiez la nature lumineuse et sage de l'esprit, libéré des pensées et sans revêtement conceptuel.
2. Explorez la nature profonde de l'esprit pour révéler son absence d'existence réelle, sa vacuité. Réfléchissez sur la dépendance de l'esprit sur ses causes, ses conditions et ses éléments. Pour l'esprit, la moindre notion de temps – que ce soit une minute ou le moment le plus bref – dépend des parties antérieures et postérieures de cette période.
3. Essayez de réaliser la compatibilité de l'apparence de l'esprit avec sa vacuité d'existence réelle ; voyez comment les deux se supportent mutuellement.

Puisque la pratique du Tantra est de transformer la manière dont vous vous percevez, ainsi que les autres et l'environnement, il peut être utile de vous visualiser avec une motivation compatissante, un corps pur, et des activités bénéfiques aux autres.

*

Bien que ma connaissance soit limitée et mon expérience très pauvre, j'ai fait de mon mieux pour vous aider à comprendre l'étendue de l'enseignement du Bouddha. Prenez ce qui vous semble utile. Si vous pratiquez une autre religion, adoptez ce qui pourrait vous aider. Si vous pensez que cela ne vous sera pas utile, oubliez-le.

# Table

III

La pratique de la méditation concentrée



IV

La pratique de la sagesse

## V

## Le Tantra



## VI

## Les étapes de la Voie

Imprimé en France par

CPI
BUSSIÈRE

à Saint-Amand-Montrond (Cher)
en juillet 2013

POCKET – 12, avenue d'Italie – 75627 Paris Cedex 13

N° d'impression : 2003178
Dépôt légal : novembre 2003
Suite du premier tirage : juillet 2013
S13529/09